McGruter Kochen mit Tofu

PATRICIA GADDIS MCGRUTER

KOCHEN MIT TOFU

HUGENDUBEL

Aus dem Amerikanischen von Sabine Bourjau.
Die Originalausgabe erschien unter dem Titel "The Great American Tofu Cookbook" bei Autumn Press, Brookline.

Herausgeber der Reihe "Irisiana": Gerhard Riemann

Illustrationen: Stephanie Fleischer
Umschlaggestaltung: Dieter Bonhorst
Produktion: Tillmann Roeder
Satz: Schneelöwe, Haldenwang
Druck und Bindung: Franz Spiegel Buch GmbH, Ulm-Jungingen
ISBN 3 - 88034 - 171 - 0

Printed in Germany

INHALT

EINLEITUNG

Von Tofu hörte ich zum ersten Mal vor zehn Jahren, als mir ein guter Freund erzählte, es handele sich dabei um eine ausgezeichnete Proteinquelle nicht tierischer Herkunft, was uns unserer vegetarischen Ernährungsweise wegen sehr begeisterte. Aber weiter reichten seine Informationen über dieses "neue" Nahrungsmittel nicht. Es ist eine ausgezeichnete Proteinquelle – aber *was* ist es und wo kann ich es kaufen? Als ich auf den einheimischen Märkten danach fragte, zeigten mir die überraschten Blicke der Verkäufer, daß sie noch weniger darüber wußten als ich, und da ich mir nicht gerne lächerlich vorkomme, hörte ich auf, mich danach zu erkundigen.

Einige Monate später, als der Begriff Tofu in meiner Erinnerung schon verblaßt war, fand ich mich bei einem Bummel über einen neuen Markt mit einem fremdartigen Karton in der Hand wieder, auf den die Worte "Tofu" und "Sojabohnenkäse" gedruckt waren. In der Schachtel war etwas, das aussah wie ein Stück in Wasser getunkter Weißkäse. Meine noch uneingeweihten Geschmacksnerven rieten mir, ihn liegenzulassen; aber meine Neugier und eiweißarme Kost überzeugten mich, es wenigstens einmal damit zu versuchen.

Als ich nach Hause kam, stopfte ich den Tofu in der vagen Hoffnung, er würde sich auf magische Weise von selbst zu etwas Eßbarem verwandeln, erst einmal in die hinterste Ecke des Eisschranks.

Ich hatte keine Idee, was ich damit machen könnte, und auch keine Rezepte, die mir eine Anregung hätten sein können.

Unser erstes Tofu-Gericht war so etwas wie Rühreier – was macht man sonst mit etwas, wovon man keine Ahnung hat? Ich gab den Tofu in eine Bratpfanne, würzte ihn vorsichtig, dann großzügiger mit fast allem, was ich bei der Hand hatte und reicherte ihn mit frischen Pilzen, grüner Paprika und gehackter Zwiebel an. Zu unserer Überraschung fanden wir Gefallen daran, und von da an wurde das Kochen mit Tofu zu einem Erlebnis für mich.

Während der nächsten Monate genossen wir alle möglichen Varianten von "Rührei-Tofu", und während dieser Zeit des Experimentierens endeckte ich auch, was für enorm verschiedene Geschmacksrichtungen Tofu annehmen kann. Ich lebte schon seit einigen Jahren vegetarisch und bei den Bohnen- und Getreidegerichten, die ich zubereitete, hatte mich zunehmend eine gewisse geschmackliche Eintönigkeit gestört. Ich muß zugeben, daß ich eigentlich eine Schwäche für Fleisch hatte und eine Menge Feinschmeckerrezepte besaß, die in einer Schublade verschwunden waren, weil ich nicht in der Lage war, sie so umzumodeln, daß sie zu unserer fleischlosen Kost paßten. Tofu war der Anlaß, sie wieder auszugraben. Ohne Beigabe ist Tofu sehr mild, besitzt ein neutrales cremeartiges Aroma fast ohne Geschmack, – und hierin liegt sein Geheimnis. Weil er so neutral ist, absorbiert er buchstäblich die elementaren Eigenarten dessen, womit gekocht oder gewürzt wird. Tofu versetzt den Koch in die Lage, das Endergebnis seiner Kunst vollkommen kontrollieren zu können, denn er läßt sich zu nahezu allem verwandeln!

Je mehr ich mit Tofu kochte, desto ehrgeiziger wurde ich. Ich entdeckte, daß ich herrliche Tofusalatsandwiches machen konnte, wenn ich ihn etwas zerdrückte, würzte und ein wenig Mayonnaise zufügte. Das kostete nur halb soviel wie Eiersalat und enthielt praktisch kein Cholesterin. Gut abgetropft und mit anderen Gewürzen ersetzte er *Ricotta* und geriebenen Käse in Lasagne, Manicotti und Enchiladas, die ich so gern buk – und er besaß nur halb soviel Kalorien. In Würfel geschnitten und leicht angebraten wurde Tofu in vielen meiner geliebten Auflaufgerichte zum fleischähnlichen Proteinträger; umgeformt, geschmort und mit Tomaten, Paprika und Zwiebeln angemacht verwandelte er sich zu meinem Ungarischen Gulasch.

Mit der Veröffentlichung von *The Book of Tofu* von William Shurtleff und Akiko Aoyaki 1975 eröffnete sich mir wie vielen Tausend anderen die Welt des Tofu. Als wahrhaftige Enzyklopädie hat das Buch in meiner Küche und bei meinen Nachschlagewerken einen Ehrenplatz. Durch dieses Buch lernte ich die verschiedenen Formen des Tofu kennen – die Möglichkeit, ihn zu pressen oder umzuformen, mit Sauce oder gefüllt zu servieren, fritiert oder gebacken – und außerdem alles über hausgemachten Tofu. Zugleich hatte das Erscheinen des Buches einen Einfluß auf die immer besser werdende Distribution von Tofu in Naturkostläden, Japangeschäften und sogar zahlreichen normalen Supermärkten überall im Lande, so daß Tofu heutzutage relativ einfach erhältlich ist.

Für diejenigen Leser, die Tofu bereits kennen, ist mit dem vorliegenden Buch die Hoffnung verbunden, daß es ihnen einige neue Wege und unbekannte Zubereitungsweisen aufzeigen möge. Denjenigen, die sich noch immer fragen, was Tofu eigentlich ist, wünsche ich, daß ihre erste Bekanntschaft mit dem Sojabohnenprodukt weniger umständlich ausfallen möge als meine. Und diejenigen schließlich, die es nicht beeindruckt, ob Tofu eine gesunde Alternative zu Fleisch darstellt oder einfach gut für sie ist, könnte dieses Buch dazu bewegen, Tofu trotzdem zu probieren – einfach weil er so gut schmeckt.

Tofu ist schon seit mehreren Tausend Jahren ein wichtiger Bestandteil ostasiatischer Küche. Das plötzliche Anschwellen seiner Popularitätskurve im Westen hängt zum Großteil mit dem stark wachsenden Interesse an unterschiedlichen Ernährungsweisen zusammen. Hinzu kommen noch die ständig steigenden Fleischpreise. Der Durchschnittsamerikaner ist ein ausgesprochener Fleischkonsument und hat kaum eine Vorstellung davon, wie man ein wohlschmeckendes Mahl zubereitet, ohne tierische Produkte zu verwenden. Tatsächlich glauben viele unserer Mitmenschen, daß ein Essen ohne Fleisch, Eier oder zumindest Käse einfach nicht gut schmecken, geschweige denn nahrhaft sein könne. Sogar viele Köche, die sich zu den vegetarischen Gourmets zählen, können auf die Verwendung von Käse oder Eiern in ihren Hauptgerichten kaum verzichten, was für manche gut sein mag, – für andere, die versuchen, auf ihr Gewicht zu achten, weniger Cholesterin zu sich zu nehmen oder ihren Geldbeutel zu schonen, wiederum nicht. Tofu ist das ideale Nahrungsmittel für Leute, die Fleisch lieben, über ein kleines Budget verfügen, Gesundheitsapostel und Vegetarier, weil er bei niedrigem Kalorien- und Cholesteringehalt den Körper mit reichlich Eiweiß versorgt und – phantasievoll zubereitet – ganz hervorragend schmeckt.

Für die Kalorienbewußten hier ein paar Daten: eine Portion von 230 g enthält nicht mehr als 147 Kalorien; das gleiche Gewicht an Eiern besitzt das Dreifache, und ein gleich schweres Stück Rindfleisch fast viereinhalbmal soviel an Kalorien. Neben Mung- und Sojabohnensprossen hat Tofu von allen pflanzlichen Lebensmitteln die niedrigste Rate an Kalorien im Verhältnis zum Eiweißgehalt. Meiner Erfahrung nach ist eine Portion von 120 g mehr als sättigend, was dann circa 75 Kalorien pro Gedeck entspricht.

Den Vegetariern, die sich für ihre Ernährung mehr Protein wünschen, sei verraten, daß 230 g Tofu den Körper mit 27 Prozent seines täglichen Eiweißbedarfs versorgen, aber nur 5 g Kohlenhydrate aufweisen. In Verbindung mit Getreide, Vollkornbrot, Nudeln oder Maistortillas wird leicht verdauliches Protein verfügbar. Zusätzlich liefert eine solche Portion 38 Prozent des durchschnittlichen Kalziumbedarfs eines Erwachsenen, was für diejenigen, die auch alle Molkereiprodukte von ihrem Speisezettel gestrichen haben, wirklich von Bedeutung ist.*

Viele Menschen haben Probleme mit ihrem Cholesterinspiegel, wessen sich die meisten von uns gar nicht bewußt sind, und müssen von daher auf ihre Ernährung achten. Tofu ist arm an gesättigten Fettsäuren und völlig frei von Cholesterin. Er ist reich an Linolsäure, einer essentiellen Fettsäure, die der Organismus nicht selbst aufbauen kann, und an natürlichem Lezithin. Lezithin hat die Aufgabe, Cholesterinablagerungen im Körper aufzulösen, umzuwandeln, und auszuscheiden. Außerdem hat Tofu den Vorzug, ein sehr leicht verdauliches Eiweiß zu liefern und bietet sich deshalb als ideales Nahrungsmittel für Babies, ältere Menschen und Rekonvaleszenten an.

Egal wie zuträglich ein Nahrungsmittel der Gesundheit unseres Körpers ist – wenn es nicht gut schmeckt, dann essen wir es meist auch nicht.

Glücklicherweise gehört Tofu zu den gesunden Lebensmitteln, die zugleich auch schmackhaft sind. Vom Geschmack her ist Tofu kein Fleischersatz. Er erinnert in keiner Weise an Fleisch, Fisch oder Geflügel. Aber er kann diese, wie auch Käse, in praktisch jedem Rezept ersetzen, angefangen bei Suppen und Salaten bis zu Hauptgerichten und Desserts, so daß niemand seine gehüteten Familienrezepte aufgeben muß, um eine völlig neue Art zu Kochen zu erlernen. Wenn man bedenkt, wie sehr die Fleischpreise bei

* William Shurtleff / Akiko Aoyagi, *Das Tofu-Buch*, Ahorn Verlag

immer schlechterer Qualität in die Höhe schnellen, kann man selbst dem Hartnäckigsten, unwählerischsten Allesfresser den Rat geben, sich den Tofu einmal näher zu besehen.

Die Preise für Tofu sind noch recht unterschiedlich und liegen in der BRD zwischen 3.- und 8.- DM pro Pfund, wobei sich bei steigender Nachfrage und kommerzieller Herstellung erhebliche Preissenkungen erwarten lassen.

Tofu ist für eine breit gefächerte Kundschaft attraktiv, weil er so vielseitig verwendbar ist. Ich persönlich koche gern Gerichte mit fremdländischer Note. Sie machen eine Mahlzeit zu einem Erlebnis mit einem Hauch von Romantik oder Exotik. Weil Tofu so mild ist, eignet er sich zur Zubereitung einer internationalen Speisekarte, angefangen von würzigem Tofu-Ratatouille, Stroganoff, Tofu-Pilz-Crepes bis zu süßen, schaumigen Tofu-*Blintzes,* Schokoladencremekuchen und Reispudding. Die magische Kraft des Tofu besteht darin, daß er dem Koch oder der Köchin die absolute Freiheit zu kreativem Tun überläßt – die einzigen Grenzen dabei liegen im eigenen Mut zum Risiko und/oder dem begrenzten Inhalt des Gewürzregals. Das größte Geheimnis beim Kochen mit Tofu liegt tatsächlich in der eigenen Kunst, mit Kräutern, Gewürzen und Saucen schöpferisch umzugehen. Das Mischen von Küchenkräutern und Gewürzvarianten erfordert einiges Geschick, einen entwickelten Geschmackssinn und eine Menge Übung.
Beim Umgang mit Tofu liegt es an einem selbst, so kühn oder behutsam vorzugehen, wie es einem liegt. Jeder liebt einen anderen Grad von Würze. Mein Geschmack wird mit dem Ihrigen vermutlich nicht identisch sein – man möge die hier vorgestellten Rezepte deshalb noch nach eigenem Gutdünken um Gewürznoten bereichern.

Dabei ist es von Wichtigkeit, beim Kauf auf beste Qualität und unbehandelte Ware zu achten. Stehen frische Kräuter zur Verfügung, umso besser. Kräuter und Gewürze sind lose gekauft sehr viel billiger als die fertig abgepackten kleinen Tüten. Sie halten sich besser in dunklen Dosen und Flaschen – gut abgeschirmt von Hitze- und Lichteinwirkung. Die ätherischen Öle sind leicht zerstörbar und müssen gut geschützt werden, wenn sie die von ihnen erwartete Wirkung in der Küche erfüllen sollen. Die Gewürze sollten außerdem regelmäßig auf ihre Frische hin überprüft werden;

sind die Farben verblaßt oder das Aroma entschwunden, so müssen sie ersetzt werden.

Mit der gleichen Sorgfalt sollte der Einkauf anderer Ingredienzien vonstatten gehen. Fast alle der in den Rezepten vorkommenden Zutaten sind in normalen Supermärkten erhältlich, sollten aber unbedingt in ihrer naturbelassenen Form besorgt werden. Unser Körper gedeiht mit guter, gesunder, lebendiger Nahrung und ist nicht dazu erschaffen, mit Exzessen fertig zu werden (z.B. an Zucker oder chemischen Zusätzen). Wer sich selbst und seine Familie liebt, sollte genau aufpassen, was er einkauft und beispielsweise den Aufdruck mit der Inhaltserklärung genau durchlesen. Tomaten oder Obst in Dosen, eingelegte Pfefferschoten, Mayonnaise, Senf, Ketchup, Marmeladen und Tiefgefrorenes gibt es ohne Zucker und chemische Konservierungsstoffe, sogar in normalen Geschäften. Kalt gepreßte Öle, Shoyu (naturbelassene Sojasauce), Miso (Sojabohnenpaste), Tahin, Johannisbrotpulver, Agar-Agar und Vollkorn-, Soja- oder Spinatnudeln müssen meist im Naturkostladen oder Reformhaus besorgt werden.

TOFUHERSTELLUNG & KOCHVORBEREITUNG

Heutzutage ist Tofu in unterschiedlichster Form auf dem Markt, z.B. gegrillt, fermentiert, vorfritiert, frisch und in schwimmendem Fett ausgebacken, um nur ein paar Möglichkeiten zu nennen. In meinen Rezepten verwende ich nur die zwei letztgenannten.

Auch frischer Tofu kann unterschiedlich aussehen, wobei die Hauptunterschiede in seiner Konsistenz liegen. Seidentofu oder *Kinugoshi* ist von seidig-weicher Beschaffenheit und eignet sich zur Herstellung von Puddings, cremigen Soßen und Gerichten ohne langwierige Zubereitungsprozesse. Mittelfester Tofu oder japanischer Tofu (im Rezeptteil "normaler Tofu" genannt) wurde gut abgetropft und zu einem festen Block gepreßt. Fester (oder chinesischer) Tofu wird unter größerem Druck noch länger gepreßt und enthält dadurch weniger Wasser als normaler Tofu. Er läßt sich am leichtesten verarbeiten, weil er beim Sautieren und Kochen seine Form bewahrt.

In meinen Rezepten verwende ich normalen und festen Tofu, sie sind aber im Grunde miteinander austauschbar. Wird anstelle von festem Tofu mittelfester Tofu genommen, sollte man lediglich die Zeit des Auspressens von 15 auf 30 Minuten ausdehnen, um die richtige Konsistenz zu erhalten.

Frischen Tofu kauft man immer in Wasser eingelegt. Er ist meist in Plastikbehältern oder Gläsern abgepackt, welche Hinweise auf Nährwert, Zusammensetzung, Koagulationsmittel etc. tragen. In japanischen Tofugeschäften verpackt der Ladeninhaber sein Produkt frisch in kleine Pappschachteln. Sucht man bei einem Markt oder Asien-Food-Laden nach seinem Tofu, empfiehlt es sich, ein eigenes Gefäß mitzunehmen. Der Tofu soll in jedem Fall kaltgestellt und mit Wasser bedeckt werden, damit er frisch bleibt. Abgepackter Tofu hält sich, sofern nicht anders vermerkt, eine Woche bis zehn Tage lang im Eisschrank. Angebrochene Packungen oder lose gekaufter Tofu sollten innerhalb weniger Tage verzehrt werden, um ihn frisch zu genießen. Außerdem muß jeden Tag das Wasser gewechselt werden, worin er liegt.

Geschmack und Konsistenz des Tofu hängen zum Teil von dem verwendeten Koagulationsmittel ab. Es gibt mehrere; zu den gängigsten gehören Kalziumsulfat, ein chemischer Grundstoff, und Nigari (Mutterlauge), welches aus Meerwasser hergestellt wird. Mit Nigari geronnener Tofu ist vorzuziehen.

Je frischer der Tofu, desto lieblicher sein Aroma. Warmer hausgemachter Tofu besitzt einen süßlichen, cremigen Geschmack, der sich im Kühlschrank rasch verflüchtigt. Wer seinen Tofu aus irgendwelchen Gründen nicht selbst herstellen kann, sollte sich das auf die Packung gestempelte Datum genau anschauen, um sicherzugehen, eine möglichst frische Ware zu erhalten.

Bei den Rezepten in diesem Buch verwenden wir auch fritierte Tofutaschen (z.B. Age) und fritierte Tofufrikadellen mit Gemüse (Ganmo). Fritierter Tofu und Ganmo lassen sich leicht zu Hause zubereiten, aber Age, feste fritierte Tofupuffer, erfordern ein wenig mehr Geschick in der Zubereitung. Wer das Glück hat, seinen Age in einem japanischen Lebensmittelgeschäft ausfindig gemacht zu haben, sollte die Chance der Bequemlichkeit nutzen. Er hält sich, gut eingewickelt, mehrere Wochen lang im Eisschrank und im Gefrierfach bis zu einem Monat.

Geschmack und Struktur des Tofu hängen auch davon ab, wie er vor der eigentlichen Verwendung in der Küche präpariert wurde. Er kann ausgedrückt worden sein, abgetropft, gepreßt, angekocht, verrührt, zerkrümelt, umgeformt oder gefroren.

Wie mit allem Neuartigen und Unbekannten braucht man seine Zeit, sich mit Tofu anzufreunden. Auch in der Küche sollte man sich vor Augen halten, daß der Umgang mit etwas Ungewohntem, Übung erfordert. Das Kochen mit Tofu ist leicht, aber man sollte, wie bei anderen Gerichten auch, mit Umsicht vorgehen. Je größer die Bemühungen, desto größer der Erfolg.

TOFU – HAUSGEMACHT

Ergibt 1 1/4 Pfund

1 1/2 Tassen getrocknete Sojabohnen waschen,
10 Stunden lang in ca. 6 Tassen Wasser einweichen,
spülen und abtropfen lassen.
Etwa 16 Tassen Wasser
1 3/4 - 2 1/2 Teelöffel körniges Nigari oder Epsomsalz;
oder 1/2 Tasse Zitronensaft oder Essig.

Wir setzen einen Durchschlag in einen großen Topf und kleiden ihn mit einem feuchten, grob gewebten Geschirrtuch oder Stoffbeutel aus. Ein zweites Sieb (welches etwa 2 l faßt) oder ein durchlöcherter Kasten wird mit einem angefeuchteten dünnen Baumwolltuch ausgelegt.
7 1/2 Tassen Wasser auf mittlerer Stufe erhitzen. 1/2 Tasse der eingeweichten Sojabohnen zusammen mit 2 Tassen Wasser in einem Mixer drei Minuten lang zu Mus verarbeiten, dann in das heiße Wasser geben. Die verbleibenden Bohnen werden in gleicher Weise püriert und unter ständigem Umrühren hinzugegeben. Den Inhalt des Topfes zum Kochen bringen (Achtung, schäumt!) und in den ausgekleideten Durchschlag oder Sack schütten. Die Tuchenden zusammennehmen und zudrehen, dann mit einem stabilen Gefäß den Sack gegen das Sieb pressen, damit die Sojamilch herausläuft (die sehr heiß ist). Die im Beutel zurückbleibende breiige Masse (Okara) mit 3 Tassen kochendem Wasser übergießen, umrühren, noch einmal auspressen und dann zur anderweitigen Verwendung aufheben.
Die Sojamilch wird unter wiederholtem Umrühren zum Kochen gebracht; sie soll dann bei mittlerer Hitze 5 Minuten lang sieden und wird schließlich vom Herd genommen. Zwischenzeitlich das Nigari oder ein anderes Koagulierungsmittel in einer Tasse Wasser auflösen und langsam in die heiße Sojamilch einrühren. Den Topf zudecken, drei Minuten stehen lassen, bis sich die Milch in zarte weiße Flocken und blaß-gelbe Molke geteilt hat. Dann wird ein

kleines Haarsieb sanft in den Topf hineingedrückt, so daß sich einige Tassen Molke darin ansammeln, die man herauslöffelt und beiseitestellt, um sie als Suppengrundlage oder zur Reinigung von Töpfen und Pfannen zu verwenden (sie bringen das Geschirr zum Glänzen!).
Die geronnene Milch geben wir anschließend in den 2-l-Durchschlag oder perforierten Preßkasten, legen einen Deckel auf das zusammengefaltete Tuch und beschweren das Ganze eine Viertelstunde lang mit einem Gewicht von mindestens einem Pfund. Den fertigen Tofu drei Minuten lang in einem Behälter mit kaltem Wasser liegenlassen, in Portionen schneiden und kaltstellen.
Bis zum Verbrauch wird der Tofu in einem bedeckten Gefäß mit kaltem Wasser aufbewahrt. Er hält sich im Eisschrank 5 Tage lang frisch, wenn das Wasser täglich erneuert wird. Einen festeren Tofu (für Tofutaschen, gefrorene oder gegrillte Tofukuchen) erhalten wir, indem wir ihn 15 Minuten lang mit einem 4-Pfund-Gewicht beschweren.
Tofu besitzt einen hohen Wassergehalt, was manchmal unangenehm erscheint, ihn andererseits aber unglaublich vielseitig verwendbar macht: er läßt sich brühen, pressen oder abtropfen, so daß er fester wird, zu einer cremig-leichten Konsistenz zerdrücken, oder verrühren, zerkrümeln, umformen oder ins Gefrierfach stellen, um eine fleischähnliche Struktur zu erhalten.

BRÜHEN : SALZWASSERMETHODE

2 Tassen Wasser zum Kochen bringen, 1/2 Teelöffel Salz zugeben, eine Portion Tofu von ca. 340 g hineinlegen und nochmals aufkochen lassen. Den Topf vom Feuer nehmen und 2 bis 3 Minuten stehen lassen. Den Tofu herausnehmen, das Wasser wegschütten. Das salzige Wasser macht den Tofu fester und würzt ihn leicht.
Zweck dieser Methode ist es, den Tofu anzuwärmen, bevor er mit Saucen übergossen und serviert wird. Außerdem wird nicht mehr ganz frischer Tofu auf diese Weise wieder appetitlich, und drittens läßt er sich so zur Weiterverwendung in Salaten und beim Kochen etwas verfestigen.

PRESSEN

Hierzu teilen wir den Tofu je nach Rezeptvorschrift in Hälften oder Viertel und legen die Stücke auf mit saugfähigem Haushaltspapier bedeckte Zeitung. Ein kleines Frühstücksbrett wird, mit einem Gewicht zwischen 2 und 4 Pfund beschwert, auf den Tofu gelegt. 20 - 60 Minuten lang stehen lassen.
Diese Technik ist zu empfehlen, wenn der Tofu in Scheiben geschnitten oder zum Fritieren vorbereitet werden soll.

ABTROPFENLASSEN

Wir legen das Stück Tofu in ein Sieb und setzen das Ganze in einen 1- oder 2-Liter-Behälter mit flachem Boden. Zudecken und eine Stunde lang in den Kühlschrank stellen; mit einem Geschirrtuch trockentupfen. Auf diese Weise wird der Tofu ziemlich fest und bewahrt weitgehend sein Aroma. Er sollte allerdings nicht länger als 12 Stunden zum Abtropfen stehen gelassen werden. Auf kühle Temperatur achten!

AUSDRÜCKEN

Wir legen den abgetropften, überbrühten oder gepreßten Tofu in die Mitte eines großen Geschirrtuchs (oder in einem Stoffsäckchen) und fassen die Ecken zusammen, so daß ein Beutel entsteht, den wir zusammendrehen. Dabei den Tofu ausdrücken und 2 - 3 Minuten lang regelrecht kneten, um soviel Flüssigkeit wie möglich abzusondern, ohne den Tofu dabei durch das Gewebe zu quetschen. Den ausgedrückten Tofu in eine Schüssel leeren.
Diese Methode ergibt einen zerdrückten Tofu, der in seiner Beschaffenheit an Hüttenkäse erinnert.

RÜHREN

Wir legen den Tofu in einen Tiegel und zerteilen ihn mit einem Holzlöffel in kleine Stückchen. Bei mittlerer Hitze 5 Minuten lang kochen, dabei umrühren und ständig weiter zerkleinern. Wenn sich die Molke vom Tofu trennt, schütten wir ihn in ein feines Sieb und lassen den Inhalt 3 - 4 Minuten lang abtropfen.
Beim Rühren findet nochmals eine Trennung von Tofu und Molke statt. Das Ergebnis ähnelt in seiner Struktur dem ausgedrückten Tofu, ist aber fester und krümeliger.

ZERKRÜMELN

Ein Stück Tofu von ca. 350 g wird zusammen mit 1 Tasse Wasser in einem Kochtopf bei mittlerer Flamme zum Kochen gebracht und unter fortwährendem Umrühren in kleinste Stückchen zerteilt. 1 - 2 Minuten auf niedriger Stufe kochen lassen. Dann stellen wir ein Sieb ins Spülbecken, kleiden es mit einem großen Geschirrtuch aus und gießen den Inhalt des Kochtopfes hinein. Die Zipfel des Tuches zusammenlegen zu einem Beutel drehen und den Tofu mit einem Gefäß oder einem Kartoffelstampfer auf den Boden des Siebes drücken, damit soviel Wasser als möglich herauskommt. Dann lassen wir den Tofu 3 - 4 Minuten lang in einer Schüssel abkühlen und zerkrümeln ihn mit den Fingerspitzen in ganz kleine Bröckchen.
Zerkrümelter Tofu besitzt vergleichsweise die Konsistenz von leicht gebratenem Hackfleisch – fest, leicht und flockig. Er ist ideal für Salate, Eier- und Getreidespeisen, Saucen und Auflaufgerichte.

UMFORMEN

Etwa 700 g Tofu zusammen mit 1 Teelöffel Salz in einem Topf vermengen, 4 Minuten lang unter ständigem Rühren bei mittlerer Hitze kochen, bis der Tofu siedet. Dann wird er in ein Sieb geschüttet, welches wir mit einem großen Geschirrtuch ausgelegt und

in die Spüle gesetzt haben; 3 - 4 Minuten lang abtropfen lassen. Wir geben das Tuch samt Inhalt auf ein Brett und falten die Zipfel sorgfältig zusammen. Dann formen wir den Tofu zu einem Kuchen von ca. 12 cm Durchmesser und 2 - 3 cm Dicke. Einen mit 3-4 l Wasser gefüllten Topf daraufstellen und an einem kühlen Ort 1 - 2 Stunden lang pressen. Dann wickeln wir den Tofu aus dem Tuch heraus und zerteilen ihn oder packen ihn in ein frisches, trockenes Geschirrtuch. Bis zum Verzehr im Kühlschrank aufbewahren.
Durch das Umformen erhält der Tofu eine feste gebundene Konsistenz, wie Schnitt-Käse oder Schinken. Man sollte diese Methode bei Rezepten anwenden, die Pommes-frites-ähnliche, fest zusammenhaltende Stücke erfordern.

EINFRIEREN

Wurde der Tofu in einem verschweißten Plastikbehälter gekauft, kann er in der Originalverpackung eisgekühlt werden. Einmal gefroren, verändert sich seine Beschaffenheit von puddingähnlich zu schwammig, und er läßt sich verarbeiten wie eine Hackfleischfrikadelle. Vor Verwendung tauen wir ihn erst auf, spülen ihn ab, lassen ihn abtropfen und drücken ihn trocken.

VORSPEISEN

MIT TOFU GEFÜLLTE PILZE

Für 3 - 4 Personen

1 Tasse normaler Tofu, ausgedrückt
1/4 Tasse frische Petersilie, fein gehackt
1/2 Teelöffel Meersalz
Frisch gemahlener Schwarzer Pfeffer
1/4 Teelöffel Estragon
1/4 Teelöffel Kerbel (nach Wahl)
3 Prisen Muskatnuß
2 Eßlöffel Sauerrahm
1 Eßlöffel frisch ausgepreßter Zitronensaft
4 Eßlöffel Olivenöl
18 mittelgroße Pilze
1/2 Tasse Mozzarella-Käse, in kleine Würfel geschnitten

Ofen auf 200°C vorheizen. Den Tofu in eine große Schale geben, mit einem Holzlöffel Petersilie, Gewürze, Sauerrahm und Zitronensaft einrühren, bis eine geschmeidige Masse entstanden ist. Die Pilze von ihren Stielen befreien. 4 Eßlöffel voll fein zerhackte Pilzstiele in die Schale geben, umrühren und beiseite stellen.
Das Öl über mittlerer Flamme in einem großen Tiegel erhitzen, die Pilzköpfe hineinlegen und 2 Minuten braten lassen; anschließend wenden und weitere 1 - 2 Minuten schmoren lassen, oder bis sie leicht bräunlich sind. Die Pilze werden mit einem Schaumlöffel herausgehoben und ein paar Sekunden lang auf Haushaltspapier abgetropft. Dann füllt man jeden Pilzhut mit ein wenig von der Tofumischung und krönt ihn mit einem Stück Mozzarella-Käse. Die Pilze dicht an dicht in einer flachen Backform anordnen und für 8 Minuten in den Ofen schieben (oder bis die Füllung Bläschen bildet). Die Form herausnehmen und die gefüllten Pilze 5 Sekunden in den Grill geben, um den Käse zu bräunen. Sofort servieren.

KALINDIS KRAZE

Für 3 - 4 Personen

170 g normaler Tofu, 30 Minuten lang abgetropft
1 reichlicher Eßlöffel Kome-Miso (Reismiso)
2 feingehackte Lauchzwiebeln
2 Eßlöffel Joghurt ohne Geschmack
2 gehäufte Eßlöffel "wohlschmeckende" Bierhefeflocken
1 zerdrückte Knoblauchzehe
1 geraspelte Karotte
1 Handvoll Sonnenblumenkerne, leicht geröstet oder naturbelassen
1 Teelöffel Shoyu (naturbelassene Sojasauce)
1 Prise Paprika und roter Cayenne
Meersalz zum Abschmecken

Den Tofu in einer mittelgroßen Schale zerkleinern, die Zutaten beimengen und gut vermischen. Ist die Paste zu dick, kann noch etwas mehr Joghurt dazukommen. Als Aufstrich für Vollkornbrot mit Sprossen und Tomaten garnieren oder als Dip servieren.

ABWANDLUNG: Mit etwas Wasser verdünnen, mixen und als Salatsauce verwenden.

GUACAMOLE DIP

Ergibt 3 - 4 Tassen

230 g normaler Tofu
4 reife Avocados
2 kleine geviertelte Tomaten
1 gehackte Zwiebel
2 fein gehackte Knoblauchzehen
4 gelbe Chilis, inklusive Samen kleingeschnitten
(für einen milderen Dip die Samen weglassen)
1 Eßlöffel frischer Zitronensaft
Meersalz zum Abschmecken

Den Tofu bei mittlerer Geschwindigkeit 2 Minuten lang im Mixer pürieren; falls nötig, anhaftende Bröckchen mit einem Löffel einrühren. In einer Rührschüssel die Avocados zerkleinern, bis sie fast glatt sind, und den Tofu hinzugeben. Die übrigen Zutaten einrühren und kaltstellen. Die Tunke sollte nach Möglichkeit erst kurz vor dem Verzehr angerichtet werden, da die Avocados leicht braun werden. Der Geschmack bleibt davon allerdings unberührt.

ABWANDLUNG: Guacamole läßt sich auch als Salat servieren. Dazu wird 1/2 Kopfsalat zerpflückt und untergehoben.

AGE MIT REISFÜLLUNG

Ergibt 36 Appetithappen oder 9 Portionen

1/3 Tasse weißer Weinessig
1 Eßlöffel Honig
2 Tassen gekochter, heißer Naturreis
1/2 Tasse geriebene Karotte
1/4 Tasse gehackte Lauchzwiebeln
1 Handvoll Sonnenblumenkerne, eventuell geröstet
9 Age (Tofutaschen)

Weinessig und Honig vermischen. Den Reis in eine große Schüssel geben, die Weinessigmischung dazuschütten und abkühlen lassen. Mohrrübe, Zwiebeln und Sonnenblumenkerne beimengen.
Der Age wird in heißem Wasser abgespült und zum Abtropfen in ein Sieb gelegt. Von jedem Stück eine Seite abschneiden, das weiche Innere herauslöffeln und mit der Reismischung füllen. Zugedeckt kaltstellen. Die ganzen Stücke lassen sich als Hauptgang einer Mahlzeit servieren oder aber in Scheiben geschnitten als Vorspeise anbieten.

HUMMUS

Ergibt 2 1/2 - 3 Tassen

1/2 Pfund normaler, 20 Minuten abgetropfter Tofu
1 Tasse gekochte Kichererbsen, abgetropft
1 Tasse Tahin (Sesammus)
1/2 - 3/4 Tasse frisch ausgepreßter Zitronensaft
1 - 2 Teelöffel Meersalz
2 gehackte Knoblauchzehen
Frische, gehackte Petersilie zum Garnieren

Alle Zutaten mit Ausnahme der Petersilie werden in einem Mixer bei mittlerer Geschwindigkeit 2 - 3 Minuten lang vermischt, bis eine glatte Masse entstanden ist, die für 3 - 4 Stunden in den Kühlschrank kommt.

Würzen und mit der Petersilie garnieren. Als Tunke zu rohem Gemüse und Pitabrot oder als Aufstrich für Cracker reichen.

FRITIERTE REIS-TOFU-KUGELN

Für 6 Personen

2 Eier
2 Tassen während des Kochens mit Basilikum, Oregano und Thymian gewürzter Naturreis
230 g normaler Tofu, ausgedrückt und 5 Minuten lang geknetet
1 gehackte Knoblauchzehe
1/2 Teelöffel Meersalz
1/2 Teelöffel Bohnenkraut
1/2 Teelöffel zerdrücktes Basilikum
3/4 Tasse fein geschnittene, trockene Brösel aus Vollkornbrot
Kaltgepreßtes Sojaöl zum Fritieren

In einer großen Rührschüssel die Eier mit einer Gabel leicht schlagen, den Reis dazugeben und sorgfältig umrühren, ohne ihn zu zermalmen. In einer anderen Schale verkneten wir den Tofu mit den Gewürzen.

Zur Herstellung der Kugeln geben wir 1 Eßlöffel der Tofumischung auf einen Eßlöffel der Reismischung, setzen einen weiteren Eßlöffel Reis darauf und formen das Ganze zu einer Kugel. In den Brotkrumen wälzen und auf Wachspapier legen. Die fertiggestellten Kugeln für 1/2 Stunde im Eisschrank unterbringen.

In einem Wok oder einem tiefen Kessel bringen wir circa 7 - 8 cm hoch Öl auf eine Temperatur von etwa 180°C. Der Ofen wird auf 120°C vorgeheizt. Eine Auflaufform mit Haushaltspapier auskleiden und in den Ofen stellen. Jeweils 4 Reis-Tofu-Kugeln auf einmal fritieren. Nach 5 Minuten (oder sobald sie goldbraun sind) in die Auflaufform im Ofen setzen, damit sie nicht abkühlen bis die anderen Kugeln fritiert sind. Sofort servieren.

TOFUSTREIFEN MIT HERZHAFTER ERDNUSSBUTTER-SAUCE

Für 4 Personen

1 1/2 Pfund normaler Tofu, umgeformt
2 Eß- und 1/2 Teelöffel kaltgepreßtes Sojaöl
3 Eßlöffel streichfähige Erdnußbutter
1/4 Tasse Shoyu (naturbelassene Sojasauce)
3 Eßlöffel Datteln oder Rohrzucker oder 2 Eßlöffel Honig
1 Eßlöffel kaltgepreßtes Sesam- oder Sojaöl
1 Teelöffel gehackter Knoblauch
1/2 - 3/4 Teelöffel Cayenne

Den umgeformten Tofu in pommes-frites-ähnliche Stücke schneiden und dann mit etwa 1/2 Teelöffel Sojaöl einpinseln. In einen Grill oder unter einen Bratrost geben und von beiden Seiten her rösten, bis sie knusprig und goldbraun sind. Im Ofen bei 110°C warm halten.
In einer Schüssel vermengen wir die Erdnußbutter mit den restlichen 2 Eßlöffeln Sojaöl, bis eine cremige Masse entstanden ist. Die übrigen Zutaten nach und nach einrühren. Zugedeckt kaltstellen, vor dem Servieren jedoch auf Raumtemperatur bringen. Die Tofustreifen werden aus dem Ofen genommen und entweder zu der Tunke dazu serviert oder damit übergossen.

TOFU IN KOKOSNUSSMILCH-SAUCE

In Brasilien wird dieses Gericht als Vorspeise oder als Gang eines größeren Menüs serviert, zu dem mehrere andere Hauptgerichte, Reis und Gemüse gehören. Normalerweise verwendet man Garnelen.

Für 4 Personen

Das frische, geraspelte Fruchtfleisch einer ganzen Kokosnuß (etwa 2 Tassen voll)
1 1/2 Tassen kochendes Wasser
2 Eßlöffel Butter
1 1/2 Pfund fester Tofu, trockengetupft und in Würfel von ca. 4 cm Länge geschnitten
3 Eßlöffel gehackte Zwiebel
Meersalz und Pfeffer zum Abschmecken
2 Eßlöffel Reismehl
2 Eßlöffel kaltes Wasser
1 Eßlöffel Kokosmilch (von der frischen Frucht)

Wir übergießen die geraspelte Kokosnuß mit dem kochenden Wasser, lassen sie eine Viertelstunde stehen und sieben ab. Der Saft wird etwas herausgepreßt und aufbewahrt. In einem schweren Tiegel bringen wir die Butter bei schwacher bis mittlerer Hitze zum Schmelzen, geben den Tofu und die Zwiebeln hinzu und braten alles unter ständigem Rühren 3 Minuten lang. Mit Salz und Pfeffer abschmecken, den Tofu aus der Pfanne nehmen. Den zurückgestellten Kokosnußsaft über den restlichen Pfanneninhalt gießen und aufkochen lassen.
In einer kleinen Schale vermischen wir das Reismehl mit dem kalten Wasser und schütten es ebenfalls dazu. Über mittlerer Flamme unter ständigem Rühren 4 Minuten lang kochen lassen, bis es etwas eingedickt ist. Zurückschalten und den bedeckten Pfanneninhalt 10 Minuten lang sachte kochen lassen. Die Kokosnußmilch einrühren, den leicht angebratenen Tofu hineingeben und erhitzen. Mit Gewürzen abschmecken und schließlich 1/2 Tasse des zurück-

behaltenen Kokosnuß-Fruchtfleisches hineinrühren. Sofort auf den Tisch bringen.

GEBRATENE TOFUKUGELN

Diese Kugeln sind außen knusprig, innen cremig und eignen sich als Vorspeise oder – in Verbindung mit im Drucktopf zubereitetem Gemüse und braunem Reis – zu einer leichten Mahlzeit.

Für 4 - 5 Personen

1 Pfund normaler Tofu, ausgedrückt
1 große, gehackte Knoblauchzehe
1 Teelöffel Meersalz
1/8 Teelöffel schwarzer Pfeffer
1/2 Teelöffel Bohnenkraut
1/2 Teelöffel Oregano
1 Ei leicht verschlagen
1/2 Tasse Milch (Soja- oder Kuhmilch)
1 Tasse trockene, gemahlene Vollkornbrotkrumen
2 - 3 Teelöffel kaltgepreßtes Olivenöl
2 1/2 Teelöffel frisch gepreßter Zitronensaft

Den Tofu in einer Schüssel 5 Minuten lang kneten. Nach Zugabe der Gewürze weitere 3 - 4 Minuten kneten, anschließend zu walnußgroßen Kugeln formen. Wir tauchen jede Kugel kurz in das verschlagene Ei, anschließend in die Milch, und rollen sie in den Brotbröseln. In einer Pfanne wird das Öl erhitzt. Die Tofukugeln werden hineingegeben und rundherum goldbraun gebraten. Herausnehmen und auf saugfähigem Papier abtropfen lassen. Man kann die Tofubälle mit Zahnstochern versehen; eventuell mit Zitronensaft beträufeln und auf vorgewärmtem Servierteller auf den Tisch bringen.

GEFÜLLTE SOPAIPILLAS

Dieser mexikanische Leckerbissen ist eine deliziöse Vorspeise oder, zusammen mit gebratenem Reis und Bohnen, ein köstliches Hauptgericht.

Ergibt 4 Dutzend

Sopaipillas:
1 Eßlöffel Trockenhefe
1/4 Tasse warmes Wasser (ca. 45°C)
1 1/2 Tassen Soja- oder Kuhmilch
3 Eßlöffel Butter oder Margarine
1 1/2 Teelöffel Meersalz
2 Eßlöffel Datteln oder brauner Zucker
Etwa 4 Tassen ungebleichtes, feines weißes Mehl
1 Tasse Vollweizenmehl
Kaltgepreßtes Sojaöl zum Fritieren

Füllung:
2 - 3 Eßlöffel kaltgepreßtes Sojaöl
2 Zwiebeln, in dünne Ringe geschnitten
4 fein gehackte Knoblauchzehen
4 Pfund fester Tofu, 1/2 Stunde abgetropft und trockengetupft
2 kleine Dosen Chilis, in Würfel geschnitten
3 Teelöffel Kümmel
Shoyu (naturbelassene Sojasauce) oder Meersalz und Pfeffer zum Abschmecken
3 Teelöffel Chilipulver
1/2 Tasse gehackte Petersilie

Sopaipillas: In einer großen Rührschüssel lösen wir die Hefe im warmen Wasser. Milch, Margarine, Meersalz und Zucker werden bei schwacher Hitze in einem Kochtopf erhitzt, bis die Mischung lauwarm (40 - 45°C) ist. Dann schütten wir sie zu der Hefe dazu. 3 Tassen des ungebleichten Mehls und das gesamte Vollkornmehl hineinrühren. Mit einem hölzernen Kochlöffel noch etwas mehr von dem ungebleichten Mehl dazugeben, bis der Teig klebrig und fest geworden ist; auf einer bemehlten Unterlage wird er sodann geknetet, bis er – eventuell unter Zugabe von etwas Mehl – weich und glatt geworden ist. Wir legen den Teig in eine mit Butter ausgewischte Schale und wenden ihn, um auch die andere Seite mit einem Fettfilm zu bedecken. Zugedeckt eine Stunde lang bei Raumtemperatur stehen lassen.

Den Teig etwas hinunterdrücken; zudecken und kaltstellen, wenn er nicht sofort weiterverarbeitet werden soll. Auf einem leicht bemehlten Brett nochmals durchkneten, um Luft hinauszutreiben; in drei oder vier Teile teilen. Jede Portion auf eine Dicke von ca. 0,3 cm auswalzen und in Quadrate von 7 - 8 cm Seitenlänge schneiden, die auf leicht bemehlte Pfannen verteilt und abgedeckt werden. So kann der Teig bis zu 5 Minuten bei Raumtemperatur stehen – andernfalls muß er in den Kühlschrank.

Wir füllen eine große Bratpfanne mit hohem Rand, einen Kessel oder Wok 5 cm hoch mit Sojaöl und erhitzen dieses auf 180°C. 2 oder 3 Sopaipillas auf einmal fritieren, bis das Brot Blasen bildet; mit einer Schaumkelle 3 bis 4mal umdrehen, um auf beiden Seiten einen schwach goldenen Ton zu erzielen. Nach dem Herausnehmen auf Haushaltspapier abtropfen lassen.

Füllung: Wir gießen das Öl in eine große, schwere Bratpfanne und erhitzen es bei mittlerer Stufe. Zwiebeln und Knoblauch hineingeben und zart durchbraten. Den Tofu in die Pfanne krümeln und während des Kochens mit einer Gabel in kleinste Stückchen zerteilen. Dann kommt die Paprika sowie Shoyu oder Pfeffer-Salz-Mischung dazu.

Mit einem Holzlöffel gut umrühren und eine Viertelstunde kochen lassen, bis sie leicht und locker sind.

Wir nehmen die Pfanne von der Kochstelle, würzen mit Chilipulver, rühren gut um und fügen noch die Petersilie hinzu.

Zur Fertigstellung schneiden wir jede Sopaipilla quer durch, um auf diese Weise zwei Dreiecke zu erhalten. Ein jedes wird mit einem gehäuften Eßlöffel der zubereiteten Tofumischung gefüllt und entweder sofort serviert oder bis zum Auftragen im vorgeheizten Ofen aufbewahrt.

Dieses Gericht läßt sich auch im voraus zubereiten und einfrieren

oder einfach kalt stellen. Zum Aufbacken werden die Sopaipillas eine Viertelstunde lang bei 160°C in den Ofen gegeben und einmal gewendet, sobald sie sich erwärmt haben. Sie lassen sich mit schwarzen Oliven und geriebenem Käse garnieren.

GEGRILLTER TOFU-KEBAB

In diesem Gericht eignet sich Tofu wunderbar anstelle von Lammfleisch.

Für 4 bis 6 Personen

3 Eßlöffel Dijon-Senf (ohne chem. Zusatz)
2 Eßlöffel weißer Weinessig
2 Eßlöffel kaltgepreßtes Olivenöl
1/2 Teelöffel Rosmarin
1/2 Teelöffel Salbei
2 - 3 Zehen Knoblauch, fein gehackt
Meersalz und Pfeffer zum Abschmecken
2 Pfund fester Tofu, trockengetupft und in 2 1/2 cm lange Würfel geschnitten

Senf, Weinessig, Öl und Gewürze werden in einer mittelgroßen Schale gut miteinander vermischt. Wir geben die Tofuwürfel und eine leichte Prise Salz und Pfeffer dazu. Wenigstens drei Stunden, besser aber über Nacht im Kühlschrank durchziehen lassen, dabei ab und zu den Tofu umrühren.
Hölzerne Spieße werden in Wasser getaucht, damit sie sich vollsaugen und nicht anbrennen. Dann die Tofuwürfel darauf aufspießen und im Holzkohlengrill oder auf dem Bratrost bräunen, bis sie duften. Öfters mit der Marinade begießen. Sofort servieren, z.B. zu auf dem Rost geschmortem Gemüse: grüner oder roter Paprika, Auberginen und Pilzen, dazu ein Bulghur-Pilaw.
(Anmerkung: Bulghur ist hierzulande auch unter den Namen *geschlagener Weizen* und *Weizengrütze* erhältlich.)

ANTICUCHOS

Für 6 Personen

Marinade:
1 Tasse roter Weinessig
2 gehackte Knoblauchzehen
1 Eßlöffel Kümmel
2 frische rote Paprika, in Stückchen geschnitten
Meersalz und Pfeffer zum Abschmecken
1 1/2 Pfund fester Tofu, abgetropft, ausgepreßt und in fast 4 cm lange Würfel geschnitten
2 getrocknete rote Paprika
1 Eßlöffel Samen vom Orleanbaum (in spanischen Frucht- und Gewürzläden erhältlich)
1/2 Tasse kaltgepreßtes Olivenöl

Die Ingredienzien für die Marinade in einer Rührschüssel vermischen, die Tofuwürfel hinzufügen und über Nacht durchziehen lassen.
Die Paprika zerkleinern und in siedendem Wasser 1/2 Stunde lang zugedeckt einweichen lassen. Die Orleansamen werden im Mixer bei hoher Geschwindigkeit zu feinem Pulver zermahlen. Dann geben wir die Paprika samt ihrem Einweichwasser und das Olivenöl hinzu und mixen bei mittlerer Geschwindigkeit 2 - 3 Minuten. Falls nötig, zwischendurch die Seitenwände mit einem Schaber abwischen.
Hölzerne Spießchen in Wasser eintauchen, um sie vor dem Anbrennen zu bewahren. Den Tofu aufspießen und über Holzkohle oder auf dem Bratrost goldbraun rösten, dabei mit der Öl-Orlean-Paprika-Mischung begießen. Zu Tortillas, geschnittenen Zwiebeln und von ihrer Haut befreiten Tomaten servieren.

GEGRILLTER TOFU AUF TEXANISCHE ART

Normalerweise wird dieses Gericht mit Krabben zubereitet, die am Golf von Mexiko reichlich zu finden sind.

Für 4 Personen

1 Tasse kaltgepreßtes Olivenöl
1/4 Tasse frisch gepreßter Zitronensaft
2 bis 3 zerdrückte, große Knoblauchzehen
1 Pfund fester Tofu, abgetropft, gepreßt und in 2 1/2 cm lange Würfel geschnitten
1/4 Tasse frische, feingehackte Petersilie
Meersalz und Pfeffer zum Abschmecken

Öl, Zitronensaft und Knoblauch werden in einer mittleren Rührschüssel vermischt. Die Tofuwürfel dazugeben und wenigstens 12 Stunden lang ziehen lassen.
Hölzerne Spießchen werden in Wasser eingeweicht, damit sie nicht anbrennen. Den Tofu damit aufspießen und auf dem Bratrost oder über Holzkohle 3 - 5 Minuten grillen, bis er eine delikate Bräunung angenommen hat. Dann schichten wir ihn auf eine Servierplatte und streuen Petersilie, Salz und Pfeffer darüber. Die Marinade serviert man über Gemüse gegossen oder, zusätzlich gewürzt, als Salattunke. Tomaten, Auberginen, Zwiebeln und grüne Paprika werden als Beigabe gesondert gegrillt, um ihren Geschmack zu erhalten.

SUPPEN

HERZHAFTE GEMÜSESUPPE

Für 6 bis 8 Personen

2 Eßlöffel Olivenöl
2 mittelgroße, gehackte Zwiebeln
1 grüne Paprika, kleingeschnitten
2 Sellerie, kleingeschnitten
4 gehackte Knoblauchzehen
1 1/2 Teelöffel Oregano
1 1/2 Teelöffel Basilikum
1/2 Teelöffel Zimt
1 Teelöffel Meersalz
Pfeffer nach Geschmack
1 Dose Tomaten (1L) oder 10 frische, zerschnittene Tomaten
1/3 Tasse Rotwein
2 Tassen fester Tofu, 10 Min. abgetropft, gepreßt und in 1 - 1,5 cm lange Würfel geschnitten
1 große Karotte, gewürfelt
2 mittelgroße Kartoffeln, kleingeschnitten
3/4 Tasse Brokkoli (ganze Röschen, kleingeschnittene Stiele)
2 mittelgroße Zucchini, kleingeschnitten
Gemüsebrühe zum Verdünnen der Suppe

Das Öl erhitzen wir in einem großen Kessel bei mittlerer Flamme; dann fügen wir die Zwiebeln, die Paprika, Sellerie und Knoblauch hinzu und schmoren alles, bis das Gemüse weich und die Zwiebeln glasig sind. Die Gewürze hinzugeben, unter Umrühren weitere 3 Minuten lang braten. Die Tomaten beimengen und zugedeckt 20 Minuten sachte kochen lassen. Wein und Tofu zugeben; 1 Stunde kochen lassen.
Eine halbe Stunde vor dem Servieren die kleingeschnittenen Karotten und Kartoffeln, 10 Minuten später die Brokkoli in die Sup-

pe rühren. Nach weiteren 10 Minuten die Zucchini. Abschmecken und, falls nötig, mit Gemüsebrühe verflüssigen. In Suppenteller verteilen und nach Belieben mit gerösteten Weisbrotscheibchen und Parmesankäse garnieren.

LINSENSUPPE

Für 8 Personen

3 Eßlöffel kaltgepreßtes Soja- oder Olivenöl
3 gehackte Zwiebeln
5 fein gehackte Knoblauchzehen
3 Sellerie, kleingeschnitten
1 1/2 Teelöffel Basilikum
1 Teelöffel Oregano
1 Teelöffel Majoran
1/2 Teelöffel Zimt
1 Dose Tomaten (1L)
1/2 - 3/4 Tasse Rotwein
1 Pfund fester Tofu, 20 Minuten abgetropft, 30 Minuten gepreßt und in 1 - 1,5 cm lange Würfel geschnitten
2 Tassen Linsen
1/2 - 3/4 Tasse Shoyu (naturbel. Sojasauce)
8 - 10 Tassen Gemüsebrühe oder Bohnenkochwasser
oder 4 - 5 Tassen Wasser plus 4 - 5 Tassen Brühe
3 Teelöffel gekörnte Gemüsebouillon (für den Fall, daß statt Brühe Wasser verwendet wird)
3 in Würfel geschnittene Kartoffeln
4 - 5 Karotten, in 1/2 cm lange Stückchen zerschnitten

In einem großen Kochtopf erhitzen wir das Öl bei mittlerer Flamme, fügen die Zwiebeln, Knoblauch und Sellerie hinzu und dünsten, bis das Gemüse leicht glasig geworden ist. Die Gewürze und Rüben beimengen und 3 - 4 Minuten weiterbraten lassen. Tomaten und Wein zugeben; 20 Minuten bei schwacher Hitze kochen. Dann kommt der Tofu dazu, die Linsen, Shoyu, Wasser und Bouillon. Zugedeckt 2 Stunden unter gelegentlichem Umrühren köcheln lassen. 1/2 Stunde vor dem Auftragen geben wir die Karotten und Kartoffeln in die Suppe, fügen – falls nötig – etwas Wasser oder Brühe hinzu und schmecken mit den Gewürzen kurz vor dem Servieren ab.

MINESTRONE

Für 8 - 10 Personen

3 Eßlöffel kaltgepreßtes Olivenöl
3 mittelgroße, gehackte Zwiebeln
3 zerdrückte Knoblauchzehen
1 1/2 Teelöffel Basilikum
1 Teelöffel Oregano
2 Lorbeerblätter
1/2 Teelöffel Zimt
1 Teelöffel Meersalz
1 Prise schwarzer Pfeffer
1 Prise Cayenne - (roter) Pfeffer
1 Dose Tomaten (1L)
1/3 - 1/2 Tasse Rotwein
1 Pfund fester Tofu, 20 Minuten abgetropft, 20 Minuten gepreßt und in Würfel von 2 1/2 cm Länge geschnitten
1 große Kartoffel, in Würfel geschnitten
2 mittelgroße Karotten, ebenfalls gewürfelt
2 Tassen gekochte Kichererbsen samt Kochwasser
2 kleine, in Würfel geschnittene Zucchini
1 Tasse nach Möglichkeit frische grüne Erbsen
1 Tasse Vollkorn- oder Sojanudeln

Wir erhitzen das Öl in einem großen Kochtopf bei mittlerer Flamme, geben die Zwiebeln und den Knoblauch hinein und dünsten sie, bis sie glasig sind. Nach Zugabe der Gewürze 3 - 4 Minuten unter ständigem Rühren weiterbraten, dann die Tomaten, den Wein und den Tofu in den Topf geben; zugedeckt 45 - 60 Minuten lang leicht kochen lassen. 1/2 Stunde vor dem Servieren werden die Kartoffeln, Karotten und Kichererbsen hinzugefügt, 15 Minuten später die Zucchini, Erbsen und Nudeln. Nach Geschmack würzen und mit Wasser oder Brühe verflüssigen.

SAHNIGE PILZSUPPE

Für 6 Personen

3/4 Pfund Pilze
1 kleine, gehackte, weiße Zwiebel
5 Eßlöffel Butter
1 1/2 Tassen kochende Bohnen- oder Gemüsebrühe
3 Eßlöffel Vollkorn- oder ungebleichtes weißes Mehl
1/8 Teelöffel Thymian
2 Eßlöffel frisch gehackte Petersilie
1/2 Pfund fester Tofu, abgetropft, 15 Minuten gepreßt und in 1 - 1 1/2 cm lange Würfel geschnitten
2 Tassen hochwertige Sojamilch oder 1 Tasse Kuhmilch plus 1 Tasse Sahne
1 Eßlöffel Zitronensaft
Meersalz und Pfeffer nach Geschmack
3 Eßlöffel Sauerrahm (nach Belieben)

Die Pilze von den Stielen trennen und alles kleinschneiden. In einer schweren Pfanne brutzeln wir die kleingehackten Stiele zusammen mit der Zwiebel in 3 Eßlöffel Butter, bis sie zart, aber noch nicht braun geworden sind. Den Saft geben wir durch ein Sieb in eine Schüssel, worin wir die Pilzmischung mit dem Rücken eines Holzlöffels etwas ausdrücken. 3 Eßlöffel der Gemüsebrühe in einen Mixer geben und zusammen mit der Zwiebel-Pilz-Mischung 2 - 3 Minuten bei hoher Geschwindigkeit pürieren. Beiseite stellen.
Den Saft aus Zwiebeln und Pilzen schütten wir wieder in die Bratpfanne zurück und erhitzen ihn über mittlerer Flamme. Das Mehl mit einem Schneebesen oder einer Gabel einrühren, bis eine Einbrenne entstanden ist. Die restliche Gemüsebrühe zufügen und alles glattrühren. Dann das Püree aus Zwiebeln und Pilzen, den Thymian, die Petersilie, den Tofu und die Milch hineingeben, zurückschalten und köcheln lassen.
Die verbleibenden 2 Eßlöffel Butter bringen wir in einem schweren Tiegel zum Schmelzen und schmoren darin die Pilzköpfe bei schwacher Hitze, bis sie vom Fett durchtränkt sind. Zitronensaft hineingeben und zugedeckt 3 Minuten lang ziehen lassen.

Die heiße Suppe wird mit einem Schneebesen leicht verquirlt, nach Geschmack gewürzt und mit den gebratenen Pilzen angereichert. Falls erwünscht, kurz vor dem Servieren etwas Sauerrahm unterrühren.

SAHNIGE LAUCHSUPPE

Für 6 - 8 Personen

6 mittelgroße Lauchstangen
2 Eßlöffel Butter
3 mittelgroße Zwiebeln, fein gehackt
6 Tassen Brühe (vorzugsweise kräftige Gemüsebrühe)
1 Pfund ungeschälte Kartoffeln, in 1 - 1 1/2 cm lange Würfel geschnitten
1 Tasse trockener Weißwein
1/2 Teelöffel Pfeffer
1 1/2 Pfund fester Tofu, 10 Minuten abgetropft, gepreßt und in 1 - 1 1/2 cm lange Würfel geschnitten
1 Tasse hochwertige Sojamilch oder Sahne
2 Eßlöffel frische, feingehackte Petersilie
2 Eßlöffel feingehackter Schnittlauch
Meersalz nach Belieben

Den Lauch gut waschen und trockentupfen. Die härteren grünen Blätter ausrangieren, die zarteren kleinschneiden und den weißen Stengel in Scheiben teilen.
In einem 3-l-Topf schmelzen wir die Butter bei mittlerer Hitze. Die Lauchstengelröllchen und gehackten Zwiebeln werden darin gebraten, bis sie weich und glasig sind. Dann geben wir die grünen Blätter hinzu, bedecken den Topf mit einem Deckel und lassen sie 2 - 3 Minuten kochen. Gemüsebrühe, Kartoffeln und Wein zufügen und zum Kochen bringen. Dann schalten wir den Herd zurück, ziehen den Deckel halb herunter und lassen 1 Stunde lang garen.
In einem Tisch- oder mit einem Handmixer wird die Suppe 3 Minuten lang bei mittlerer Geschwindigkeit durchpüriert und wieder in den Topf zurückgeschüttet. Pfeffer und Tofu einrühren und bei niedriger Flamme 3 - 4 Minuten lang sachte kochen lassen. Sojamilch oder Sahne, Petersilie und Schnittlauch, eventuell weitere Gewürze beimengen und auf den Tisch bringen.

FRANZÖSISCHE ZWIEBELSUPPE

Für 6 - 8 Personen

3 Eßlöffel Butter
1 Eßlöffel kaltgepreßtes Sojaöl
5 Tassen dünn geschnittene, gelbe Zwiebeln
1 Teelöffel Meersalz
1/4 Teelöffel Datteln oder Zucker (zum Bräunen der Zwiebeln)
1 Pfund fester Tofu, zerbröckelt
3 Eßlöffel Vollweizenmehl
2 l kochend heiße Brühe von gefleckten Feldbohnen, Feuerbohnen oder schwarzen Bohnen (oder 1 l Wasser plus 1 l Kochwasser von Bohnen)
1/2 Tasse Rotwein
Meersalz und Pfeffer nach Belieben

Butter und Öl bei schwacher Flamme in einem schweren 4-l-Topf erhitzen. Darin die Zwiebeln eine Viertelstunde zugedeckt – unter gelegentlichem Umrühren – glasig werden lassen.
Die Herdplatte auf mittlere Stufe schalten, Salz und Zucker beimengen, später den zerkrümelten Tofu; 30 - 40 Minuten unter wiederholtem Umrühren kochen (oder bis die Zwiebeln schön goldbraun geworden sind). Das Mehl hineinstäuben und 3 Minuten lang umrühren. Die Suppe vom Herd nehmen und die angegebene, kochende Flüssigkeit zufügen – anschließend den Wein und Gewürze nach Geschmack. Wir lassen die Suppe halb bedeckt 30 - 40 Minuten sachte kochen und schöpfen hin und wieder den Schaum oben ab. Abschmecken und sofort auf den Tisch bringen.

SCHWARZE BOHNENSUPPE

Für 8 Personen

2 Tassen Schwarze Bohnen, ausgelesen, gewaschen und abgetropft
8 Tassen kaltes Wasser
3 Eßlöffel kaltgepreßtes Olivenöl
1 Pfund fester Tofu, zerkrümelt
3 mittelgroße Zwiebeln, gehackt
3 feingeschnittene Sellerie
2 Lorbeerblätter
2 Eßlöffel frisch gehackte Petersilie
1/2 Teelöffel Meersalz
1/8 Teelöffel schwarzer Pfeffer
1/2 Teelöffel Bohnenkraut
2/3 Tasse trockener Sherry
2 hartgekochte und in Scheiben geschnittene Eier
2 Zitronen, in Scheiben geschnitten

Die Bohnen in einem Suppentopf mit kaltem Wasser aufgießen und über Nacht einweichen lassen.
Wir lassen die Bohnen abtropfen, schütten sie in den Suppentopf zurück und fügen 8 Tassen Wasser dazu; dann kochen wir sie bei schwacher Hitze, bis sie gar sind. Das Öl wird in einem Tiegel auf mittlerer Stufe erhitzt; dann geben wir den zerbröckelten Tofu, die Zwiebeln und den Sellerie hinzu und sautieren, bis der Tofu goldgelb und das Gemüse glasig geworden ist. Zu den Bohnen dazugeben. Lorbeer, Petersilie, Salz, Pfeffer und Bohnenkraut zufügen und bedeckt bei mittlerer bis schwacher Hitze 1 1/2 Stunden sachte kochen lassen – wenn die Suppe zu dickflüssig wird, etwas Wasser zugießen.
Wir geben die Suppe in ein Mixgerät und verquirlen sie 2 - 3 Minuten bei mittlerer Geschwindigkeit; dann kommt sie zurück in den Topf. Wir fügen den Sherry hinzu und kochen auf niedriger Stufe, bis die Suppe heiß ist. Nach Belieben würzen und in Schalen füllen, mit den Eiern und Zitronenscheiben garnieren.

GERSTENSUPPE

Für 6 Personen

3/4 Tasse Perlgraupen
3 Tassen Gemüsebrühe oder Wasser
2 mittlere, gehackte Zwiebeln
1 große Karotte, kleingeschnitten
6 große Pilze, feingeschnitten
2 1/2 l Kochwasser von Bohnen
1 Pfund fester Tofu, 30 Minuten abgetropft, trockengetupft und in 2 1/2 cm lange Würfel geschnitten
Meersalz und Pfeffer zum Abschmecken
Sauerrahm (nach Wahl)
Petersilie zum Garnieren

Die Graupen und die Gemüsebrühe in einem mittelgroßen Kochtopf zum Kochen bringen. Bei schwacher Hitze 1 Stunde lang köcheln lassen, bis die Flüssigkeit absorbiert ist.
In einem Kessel werden die Zwiebeln, die Karotten und Pilze zusammen mit 1 - 2 Eßlöffeln Wasser 5 Minuten lang gedämpft, bis sie weich sind. Bohnenwasser und Tofu dazugeben und aufkochen. Bei schwächerer Stufe 30 Minuten sieden lassen. Die Gerstengraupen dazugeben, mit Salz und Pfeffer abschmecken und weitere 5 Minuten lang kochen. Wir geben die Suppe in vorgewärmte Schalen und garnieren jede Portion mit feingehackter Petersilie und eventuell mit Sauerrahm. Ganz heiß servieren.

BORSCHT

Für 6 - 8 Personen

5 große Rote Bete mit reichlich Grün
1 große Zwiebel
3/4 Pfund fester Tofu, 20 Minuten abgetropft, 10 Minuten gepreßt und in 1 - 1 1/2 cm lange Würfel geschnitten
10 Tassen Wasser oder Gemüsebrühe
1 große Kartoffel, gewürfelt
8 - 10 Eßlöffel frisch gepreßter, abgesiebter Zitronensaft
1/2 - 1 Eßlöffel Honig (nach Geschmack)
Meersalz zum Abschmecken
Sauerrahm

Die zarten Blätter der Roten Bete waschen und kleinhacken, die Stengel und harten Blätter aussortieren. Die Rote Bete und die Zwiebeln grob raspeln und zusammen mit den Blättern, dem Tofu, Wasser und der Bouillon in einem großen Topf zum Kochen bringen; zurückschalten, mit einem Deckel bedecken und 20 Minuten leicht kochen. Die Suppe von der Kochstelle nehmen, 6 Eßlöffel Zitronensaft und den Honig zufügen, abkühlen lassen. Mit Gewürz, Salz, Zitronensaft und Honig abschmecken. Im Kühlschrank hält sich die Suppe zugedeckt eine Woche. Kurz vor dem Servieren kann man einen Löffel Sauerrahm in jede Portion geben.

CREMIGE GEMÜSESUPPE MIT TOFU

Für 6 - 8 Personen

2 l Gemüsebrühe oder Bohnenkochwasser
2 Pfund fester Tofu, 15 Minuten abgetropft, gepreßt und in 2 1/2 cm lange Würfel geschnitten
2 Maiskolben, in Scheiben von 2 1/2 cm Dicke geschnitten
1 große Zwiebel, in Viertel geschnitten
1 große Tomate, in Viertel geschnitten
1 grüne Paprikaschote, in Viertel geschnitten und die Samen entfernt
2 enthäutete Knoblauchzehen
1/4 Tasse gehackte Korianderblätter
1/2 Pfund frischer Kürbis, geschält und in 5 cm lange Stücke zerschnitten – oder 1/2 Pfund in kleine Stücke geschnittener gelber Kürbis
2 - 3 Eßlöffel Rotwein (nach Wahl)
1 Tasse Tomaten aus der Dose
2 Teelöffel Meersalz
1/4 Teelöffel schwarzer Pfeffer
1 Teelöffel Basilikum
50 g Vermicelli (Fadennudeln) oder Reis

Die ersten zehn Zutaten werden in einem 4-l-Topf vermengt und über großer Hitze zum Kochen gebracht. Zurückschalten, Deckel auflegen und 1 Stunde köcheln lassen.

Den Tofu herausschöpfen und beiseite stellen. Mit einem Schaumlöffel nehmen wir die Zwiebel, Tomaten, Paprika, Knoblauch, Koriander und Kürbis aus der Suppe und geben sie in ein Mixgerät. Zusammen mit 3/4 Tasse der Brühe 1/2 Minute auf schnellster Stufe pürieren, anschließend in den Topf zurückgeben. Tofu, Tomaten und Gewürz einrühren und auf großer Flamme zum Kochen bringen. Vermicelli oder Reis dazugeben, auf mittlere Hitze zurückschalten, Vermicelli 10 Minuten, Reis 20 Minuten kochen (oder bis sie/er gar sind). Abschmecken und heiß servieren.

ERDNUSSCREMESUPPE

Für 5 - 6 Personen

3 Tassen Kochwasser von dunklen Bohnen
1 mittelgroße, feingehackte Zwiebel
1 große Stange Lauch, geputzt und feingeschnitten
2 mittelgroße Karotten, im Abstand von 1 - 1 1/2 cm geschnitten
1/4 Tasse ungekochter, brauner Langkorn-Reis
1 Stückchen scharfe rote Paprika, getrocknet und 2 - 3 cm lang
1/2 Teelöffel Meersalz
Kaltgepreßtes Sojaöl zum Fritieren
1 1/2 Pfund normaler Tofu, umgeformt und in pommes-frites-artige Streifen geschnitten
1/2 Tasse weiche Erdnußbutter (ungehärtet und ohne chem. Zusätze)

Das Bohnenwasser, die Zwiebel, den Lauch und die Karotten in einem schweren 3-l-Topf auf starker Flamme zum Kochen bringen. Zurückschalten und nur teilweise mit einem Deckel bedeckt 30 Minuten leicht kochen. Die Suppe in einem Mixer glatt pürieren; wieder zurück in den Topf geben und erhitzen. Reis, Paprika und Salz zufügen und bedeckt 20 Minuten sacht kochen.

In einem Wok oder einer schweren Bratpfanne erhitzen wir das Sojaöl ca 7 - 8 cm hoch unter Zuhilfenahme eines Fritierthermometers auf 180°C. Jeweils 3 Tofustreifen auf einmal goldbraun fritieren. Mit einem Schaumlöffel herausheben und auf Haushaltspapier abtropfen lassen.

Sobald der Reis gar ist, nehmen wir 1/2 Tasse von der Suppe ab und verquirlen sie mit der Erdnußbutter in einer kleinen Schale, bis eine weiche Creme entstanden ist, die wir in die Suppe einrühren; zugedeckt 5 Minuten leicht kochen lassen. Von der Platte nehmen, die Paprika herausfischen, nach Belieben würzen. 2 oder 3 Tofustreifen in jede Servierschale geben, die Suppe daraufgießen und sofort auf den Tisch bringen.

ERBSENSUPPE MIT FESTEM AGE

Für 6 Personen

1 1/2 Tassen gelbe oder grüne gespaltene Erbsen, gut gewaschen
2 l Gemüsebrühe oder Bohnenkochwasser
1 gehackte Zwiebel
1 gewürfelte Sellerie
2 kleingeschnittene Karotten
2 zerdrückte Knoblauchzehen
1 Lorbeerblatt
1 Teelöffel Majoran
1/2 Teelöffel Tymian
1 Teelöffel frisch gehackte Petersilie
Meersalz und Pfeffer zum Abschmecken
2 - 3 Eßlöffel Rotwein
Zwei 150 g Stücke gefrorener, fester Age (Tofukuchen), aufgetaut, überbrüht und in Streifen geschnitten
1 - 2 Eßlöffel Sojamargarine oder Butter
15 - 20 kleine Pilze

Erbsen, Brühe, Zwiebeln, Sellerie, Karotten und Gewürze zusammen in einen schweren Suppentopf zum Kochen bringen. Den Wein dazugießen und mit einem gut sitzenden Deckel bedecken. Unter gelegentlichem Umrühren 2 Stunden auf mittlerer Stufe kochen. Mit Gewürzen abschmecken.
Die Hälfte der Suppe wird in einem Mixgerät bei mittlerer Geschwindigkeit 2 - 3 Minuten püriert, bis sie glatt ist – falls notwendig, verdünnen wir sie mit Sojamilch oder Gemüsebouillon. Dann schütten wir die Suppe wieder in den Topf, fügen die überbrühten Tofustreifen hinzu und stellen sie für ein paar Stunden in den Kühlschrank, damit das Aroma voll zur Entfaltung kommt.
Kurz bevor wir sie wieder wärmen, schmoren wir die ganzen, geputzten Pilze leicht in der Margarine oder Butter, geben sie zu der Suppe und erhitzen alles langsam. Abschmecken, eventuell mit hochwertiger Sojamilch oder Gemüsebouillon verdünnen und heiß servieren. Dazu Brot und eine Schale braunen Reis.

KICHERERBSENSUPPE

Für 6 Personen

1 Tasse getrocknete Kichererbsen
2 l Wasser
Kaltgepreßtes Sojaöl zum Sautieren
2 Pfund normaler Tofu, umgeformt und in 1 - 1 1/2 cm lange Würfel geschnitten
1 Spritzer Shoyu (naturbelassene Sojasauce)
2 mittelgroße, feingehackte Zwiebeln
1 zerbröseltes Lorbeerblatt
1 Eßlöffel Meersalz
8 ganze schwarze Pfefferkörner
6 Eßlöffel ungekochter, brauner Langkornreis
1 1/2 Teelöffel trockener Oregano, feinzerrieben
3 Eßlöffel Chilis, fein zerhackt
1/2 Pfund Käse, feingewürfelt
2 Eßlöffel frisch gehackte Petersilie
1 große, feste oder reife Avocado, halbiert, geschält und längs in dünne Streifen geschnitten

Kichererbsen waschen und auslesen; in einer großen Schüssel mit Wasser bedecken und bei Raumtemperatur 12 Stunden lang einweichen lassen. Dann abtropfen und zusammen mit 2 l Wasser in einen schweren 4-l-Topf geben. Über großer Flamme zum Kochen bringen, dann zurückschalten und halb bedeckt 1 Stunde lang sachte kochen lassen (oder bis sie weich sind). Wir holen die Kichererbsen mit einem Schaumlöffel heraus und stellen sie in einer Schüssel zur Seite; das Kochwasser heben wir auf.
In einem großen Tiegel soviel Öl erhitzen, daß der Boden gut bedeckt ist; den Tofu bei großer Hitze darin braten, mit Shoyu beträufeln, vom Herd nehmen und in das Kichererbsenkochwasser geben. Zwiebeln, Lorbeer, Meersalz und Pfefferkörner hinzufügen. Der Tofu soll vollständig bedeckt sein – deshalb eventuell noch mit Wasser oder Gemüsebrühe auffüllen; zum Kochen bringen.
Zurückschalten und ohne Deckel 1 Stunde lang kochen lassen. Dann den Deckel auflegen, die Herdplatte ausschalten und 1 Stunde lang stehen lassen, damit der Tofu das Aroma annimmt.

Mit einem Schaumlöffel den Tofu herausnehmen; die Bouillon filtrieren. Tofu und Bouillon wieder in den Topf geben und zum Kochen bringen. Reis, Oregano und Paprika einrühren. Zurückschalten und 20 Minuten köcheln lassen, bis der Reis gar ist. Die Kichererbsen hineingeben und weitere 10 Minuten kochen. Abschmecken. Die Suppe in eine große Terrine geben und mit dem gewürfelten Käse und Petersilie anrichten, darauf die Avocadostreifchen. Dazu passen Tortillas oder kräftiges Brot.

MAIS CHOWDER

Für 6 - 8 Personen

2 Tassen frische oder eingeweichte Maiskörner
2 - 3 Eßlöffel kaltgepreßtes Sojaöl
1 Tasse normaler Tofu, umgeformt und in kleine Stückchen geschnitten
4 mittelgroße Zwiebeln, kreuzweise in dünne Scheiben geschnitten
3 mittelgroße, ungeschälte Kartoffeln, kleingeschnitten
2 Tassen Gemüsebrühe oder Wasser
2 Tassen hochwertige Sojamilch oder 1 Tasse Kuhmilch und 1 Tasse Rahm
1 Teelöffel Majoran
Meersalz und Pfeffer zum Abschmecken

1 Tasse Mais für 30 Sekunden in den Mixer geben. Zwischenrein die Seitenwände mit einem Spachtel abschaben und das Gerät wieder anstellen, bis der Mais glatt püriert ist. Beiseite stellen.
Wir erhitzen das Öl über mittlerer Flamme in einem schweren Tiegel, der 4 Liter faßt. Darin bräunen wir die Tofustücke knusprig und lassen sie anschließend auf Haushaltspapier abtropfen. Die Zwiebeln in das Öl geben und 10 Minuten lang unter wiederholtem Rühren rösten, bis sie weich und goldgelb sind. Nicht anbrennen lassen. Das Maispüree, die restliche Tasse Maiskörner, die Kartoffeln und das Wasser zugeben und bei großer Flamme zum Kochen bringen. Zurückschalten und nur teilweise zugedeckt sieden lassen, bis die Kartoffeln weich sind. Dann schütten wir die Sojamilch hinzu, geben den Tofu hinein, schmecken mit Gewürzen ab und servieren.

SALATE

INDONESISCHER GEMÜSESALAT

Für 8 Personen

1/2 Pfund frische Bohnensprossen, 1 Minute lang gedämpft
1/2 Pfund Grünkohl, in feine Streifen geschnitten
1 Gurke, in dünne Scheiben geschnitten
1 Bund Rettiche, fein geschnitten
3 1/2 Pfund fester Tofu, abgetropft, gepreßt und in kleine Würfel geschnitten
1 Tasse ungesalzene, geröstete Erdnüsse, gehackt

Salatsauce:
3 frische, scharfe Paprika, gehackt
1 feingehackte Knoblauchzehe
1/2 Teelöffel frischer Ingwer, feingehackt
1/4 Tasse Weinessig
2 Eßlöffel Datteln oder Rohrzucker oder 1 Eßlöffel Honig
2 Tassen Wasser
Meersalz und Pfeffer nach Belieben

Sprossen, Kohl, Gurke, Rettich und Tofu auf einer großen flachen Servierplatte anhäufeln.
In einem Mixer werden die Paprika, der Knoblauch, Ingwer, Weinessig und Zucker bzw. Honig bei mittlerer Geschwindigkeit 1 - 2 Minuten lang gut verquirlt. Eventuell an den Seitenwänden haftende Reste mit einem Spachtel hinunterschaben. Das Wasser dazugießen und weitere 2 Minuten mixen. Würzen. Die Salatsauce über das Gemüse gießen und mit den Erdnüssen garnieren. Sofort servieren.

TOFU LOUIS

Für 6 Personen

1 1/2 Tassen hausgemachte oder mit Honig gesüßte Mayonnaise
1/4 Tasse Ketchup
3 Eßlöffel feingehackte Schalotten
3 Eßlöffel feingehackte grüne Paprika
1 Eßlöffel frisch gepreßter Zitronensaft
4 Tropfen Tabasco (ohne chem. Zusätze)
1/4 Teelöffel Meersalz
1 1/2 Pfund fester Tofu, 10 Minuten abgetropft, 1/2 Stunde gepreßt und in 1 - 1 1/2 cm lange Würfel geschnitten
3 große Avocados
1 Kopfsalat (oder Radicchio)
2 mittelgroße, reife, aber feste Tomaten, jede in 6 Teile zerschnitten
3 hartgekochte Eier, geviertelt

In einer mittelgroßen Salatschüssel verquirlen wir die 8 erstgenannten Zutaten mit einem Schneebesen. Die Gewürze abschmecken, den Tofu dazugeben und sacht umrühren. 3 - 4 Stunden kaltstellen.
Die Avacados halbieren, von ihren Kernen befreien und mit der gekühlten Mischung füllen. Die Avocadohälften auf einer Salatplatte arrangieren und mit Salatblättern, Eiern und Tomaten anrichten.

TOFU-PAPRIKA-SALAT

Für 2 - 3 Personen

4 große, süße rote Paprika
1 Kopfsalat, in mundgerechte Stückchen zerpflückt
1 Bündel feingeschnittene Lauchzwiebeln
1/2 Tasse gewürfelter Sellerie
30 g normaler Tofu, umgeformt und in 1 - 1 1/2 cm lange Würfel geschnitten

Salatsauce:
2 Eßlöffel Apfelessig oder Rotweinessig
2 Eßlöffel Dijon-Senf (ohne Konservierungsmittel oder sonstige chem. Zusätze)
1/4 Teelöffel Meersalz
1/8 Teelöffel schwarzer Pfeffer
6 Eßlöffel Olivenöl

Die Paprika über offenem Feuer rösten, bis sie rundherum schwarz werden und Blasen werfen; abkühlen lassen. Unter kaltem, fließendem Wasser pellen, längs in dünne Scheibchen schneiden, dabei die Samen und die weiße Haut entfernen.
In einer großen Schüssel vermengen wir Salat, Zwiebeln und Sellerie; darauf plazieren wir den Tofu und die Paprikascheiben.
Die ersten 4 Ingredienzien für die Salatsauce in einer kleinen Schale vermischen, nach und nach das Öl unter ständigem Schlagen einrühren. Den Salat erst kurz vor dem Auftragen damit begießen.

TOFU-SPINAT-SALAT

Für 3 Personen

1 großes Bund frische Spinatblätter, in mundgerechte Stücke gezupft
1/2 Pfund fester Tofu, abgetropft, 20 Minuten gepreßt und in 1 - 1 1/2 cm lange Würfel geschnitten
1/2 Tasse in Scheiben geschnittene, ungekochte Pilze
1/2 Tasse geröstete Brotkrumen
Öl und Essig zum Anmachen, etwas Honig und ein in Würfel geschnittenes, hartgekochtes Ei

In einer mittelgroßen Salatschüssel vermengen wir die Spinatblätter mit dem Tofu, den Pilzen und Brotbröseln. Öl und Essig nach Gutdünken vermischen, ein wenig Honig und das hartgekochte Ei hinzugeben. Gut vermischt unter den Salat heben und servieren.

TOMATEN-TOFU-SALAT

Für 4 Personen

4 große, reife Tomaten, in 1 - 1 1/2 cm dicke Scheiben geschnitten
1 rote Zwiebel, in dünne Scheiben geschnitten
1/2 Pfund fester Tofu, 20 Minuten abgetropft, 30 Minuten gepreßt und in kleine Happen geschnitten
1 Prise Salz und Pfeffer
3 fein zerhackte Knoblauchzehen
1/4 Tasse gehackte Petersilie
1 Teelöffel Basilikum
1 1/2 Teelöffel kaltgepreßtes Soja-Sesam- oder Olivenöl
1 - 2 Eßlöffel roter Weinessig

In eine große, rechteckige Salatplatte geben wir eine Lage Tomaten, darauf eine Schicht Zwiebeln und eine weitere Lage Tofu. Wir bestäuben alles mit Salz, Pfeffer, Petersilie, Basilikum und Knoblauch und tröpfeln Öl und Weinessig darüber. Auf diese Weise verbrauchen wir alle angegebenen Zutaten – eventuell zu einer zweiten oder dritten Schichtung. 3 - 4 Stunden kalt stellen.

ÄGYPTISCHER TOFUSALAT

Für 4 Personen

1 große, geschälte Gurke, längs halbiert und entkernt
1 Prise Meersalz
30 g fester Tofu, zerbröselt
1/2 Tasse milde Zwiebeln, feingehackt
1/4 Tasse frischer Zitronensaft
2 - 3 Eßlöffel kaltgepreßtes Olivenöl
Frisch gemahlener Pfeffer nach Geschmack
Pfefferminzzweige zum Garnieren

Die Gurke mit einer Gabel einstechen, mit Meersalz besträuben und 20 Minuten lang stehen lassen.
In einer mittelgroßen Schale Tofu, Zwiebeln, Zitronensaft und Öl vermengen, nach Bedarf mit Pfeffer und Salz würzen. Die Gurke abspülen, abtropfen lassen, in Scheiben schneiden und dazugeben. Der Salat wird auf einer flachen Platte mit Pfefferminzzweigen garniert und vor dem Verzehr für 1 Stunde in den Eisschrank gestellt.

GEFÜLLTE TOMATEN

Für 4 - 6 Personen

4 große, reife aber feste Tomaten – oder 6 mittelgroße
1/2 Pfund normaler Tofu, 10 Minuten abgetropft und trockengetupft
1/3 Tasse hausgemachte oder mit Honig leicht gesüßte Mayonnaise
3 Eßlöffel Dijon-Senf
1/3 Tasse kleingeschnittene, süße Pickles
1 Teelöffel Meersalz
1/2 Teelöffel Spanischen Pfeffer, feingehackt
1/2 Teelöffel Paprika
1 kleingeschnittener Sellerie
2 grüne Zwiebeln, in Scheiben geschnitten
1 geraspelte Karotte

Die Tomaten oben ca. 3 - 4 cm weit aufschneiden und mit einem Teelöffel auslöffeln. Das Innere salzen, dann die Tomaten umgedreht auf Haushaltspapier setzen und 20 - 30 Minuten abtropfen lassen.
Den Tofu zerdrücken wir in einer mittelgroßen Schale mit einem Holzlöffel, geben die Mayonnaise dazu und mischen gut. Die restlichen Ingredienzien hinzufügen, mit Gewürzen abschmecken. In die ausgehöhlten Tomaten wird mit einen Teelöffel die Tofumischung gefüllt. Mit der Paprika garnieren und bis zum Servieren kaltstellen.
Die Tofu-Mischung läßt sich auch als Füllung für andere Gemüse verwenden, oder als Belag für Cräcker, oder schweres, dunkles Brot. Man garniert mit in Scheiben geschnittenen Zwiebeln und Tomaten, mit Spinatblättern oder Sprossen.

BOHNEN & TOFU GEMÜSESALAT

Für 3 - 4 Personen

1 Tasse gekochte Kichererbsen
1 Tasse gekochte Kidneybohnen
1 Tasse roher Blumenkohl, die Röschen getrennt und kleingeschnitten
2 kleine Zucchini, in feine Scheiben geschnitten
1/2 Pfund fester Tofu, 20 Minuten abgetropft, 1 Stunde gepreßt und in 5 cm lange schmale Stücke geschnitten

Italienische Kräutertunke:
6 Eßlöffel kaltgepreßtes Olivenöl
1/4 Tasse roter Weinessig
1 zerdrückte Knoblauchzehe
3/4 Teelöffel Meersalz (nach Belieben)
1/4 Teelöffel Honig
1/4 Teelöffel Oregano
1/4 Teelöffel Basilikum
1/4 Teelöffel schwarzer Pfeffer

Wir vermengen alle Zutaten für den Salat in einer mittelgroßen Schüssel. Die Ingredienzien für die Tunke werden aufs beste miteinander vermixt und leicht unter den Salat untergehoben. Vor dem Verzehr 1 - 3 Stunden bedeckt in den Kühlschrank stellen.

GRIECHISCHER SPINAT-TOFU-SALAT

Für 4 - 6 Personen

1 großes Bund Spinat, gewaschen, geputzt und in mundgerechte Stücke gezupft
3 ganze Lauchzwiebeln, in dünne Scheiben geschnitten
1 kleine Gurke, in Scheiben geschnitten
1/2 Pfund fester Tofu, 30 Minuten abgetropft, 30 Minuten gepreßt und in Streifen von 5 x 1 - 1 1/2 cm geschnitten
1 hartgekochtes Ei, in Scheiben geschnitten
6 halbierte Fleischtomaten
10 mittelgroße, in Scheiben geschnittene Pilze
Schwarze Oliven zum Garnieren
2 Eßlöffel kaltgepreßtes Olivenöl
4 Eßlöffel frisch gepreßter Zitronensaft
1/2 Teelöffel Basilikum
1/2 Teelöffel Senf
Weißer Weinessig zum Abschmecken

In einer großen Servierschale vermischen wir Spinat, Zwiebeln und Gurke; obenauf arrangieren wir reihenweise den Tofu, die Eischeiben, Tomaten und Pilze. Mit schwarzen Oliven garnieren.
Öl, Zitronensaft, Basilikum und Senf gut verquirlen und eventuell mit Weinessig abschmecken. Die fertige Sauce erst kurz vor dem Auftragen über den Salat schütten.

TOFU-PAPRIKA-SALAT IN MARINADE

Für 6 Personen

3 große grüne Paprikaschoten
1 1/2 Pfund normaler Tofu, umgeformt und in lange Streifen geschnitten
3/4 Teelöffel Meersalz
1/2 Teelöffel schwarzer Pfeffer
1 kleine, feingehackte Zwiebel
1 Teelöffel Oregano
4 Eßlöffel kaltgepreßtes Olivenöl
4 Eßlöffel kaltgepreßtes Sojaöl
4 Eßlöffel Weinessig
Pfefferoni und in Scheiben geschnittene schwarze Oliven zum Garnieren

Die Paprika waschen und über offenem Feuer rösten oder in einem auf 225°C vorgeheizten Ofen backen, bis sie welk sind und die Haut Blasen zieht. Abkühlen lassen. Unter kaltem, fließendem Wasser abziehen und in schmale Streifen schneiden, dabei die Samen und die weiße Haut entfernen

Paprikastreifen und Tofu in eine Rührschüssel geben. Salz, Pfeffer, Zwiebelstückchen und Oregano darüberstreuen, Öl und Weinessig daraufgießen und leicht unterheben. Über Nacht kaltstellen. Mit Oliven und Pfefferoni garnieren und auf Raumtemperatur erwärmt servieren.

GEMISCHTER TUNESISCHER SALAT

Für 6 Personen

2 mittelgroße Paprikaschoten
1 Tasse feingehackte Zwiebel
2 mittelgroße Tomaten, ausgehöhlt und gewürfelt
2 große Äpfel, entkernt und in Würfel geschnitten
1 Teelöffel scharfe grüne Chilipaprika, feingehackt (z.B. Jalapenos)
250 g normaler Tofu, umgeformt und in 2,5 cm lange Würfel geschnitten
1/4 - 1/3 Tasse kaltgepreßtes Olivenöl
2 Eßlöffel Apfelessig
1 Eßlöffel zerriebene, trockene Pfefferminzblätter (oder 2 Eßlöffel frische Minze)
Meersalz und frisch gemahlener Pfeffer nach Geschmack

Die Paprika werden über offenem Feuer geröstet, bis sie rundherum schwarz werden und Blasen werfen. Abkühlen lassen, dann unter fließendem, kaltem Wasser häuten; halbieren und würfeln, dabei die Samen und die weiße Haut entfernen.
In einer Salatschüssel vermengen wir die Paprikawürfel, die Zwiebel, Tomaten, Äpfel,Chili und Tofu.
Wir fügen Öl und Weinessig hinzu und mischen alles gut. Minze, Salz und Pfeffer darüberstäuben und mit geröstetem Pita-Brot anbieten.

REISSALAT MIT MARINIERTEM GEMÜSE

Für 6 - 8 Personen

1 Tasse in Scheiben geschnittene Zucchini
1/2 Tasse grüne Bohnen, fein gehackt
1/2 Tasse Gartenkürbis, in Scheiben geschnitten
1/2 Tasse Karotten, in Scheiben geschnitten
1/4 Tasse Wasser

Salattunke:
1/3 Tasse kaltgepreßtes Oliven- oder Sojaöl
1/8 Tasse Apfel- oder Rotweinessig
1/4 Teelöffel Senf
1/4 Teelöffel Meersalz
1 Prise frisch gemahlener Pfeffer
1 Prise frisch gehackter Dill
2 Eßlöffel gehackte rote Zwiebel
4 Tassen gekochter brauner Reis, abgekühlt
1 3/4 Tassen Sauerrahm
3/4 Tasse normaler Tofu, im Mixer glatt verrührt
Saft einer halben Zitrone
2 zerdrückte Knoblauchzehen
Meersalz und Pfeffer nach Belieben
Chips oder Pita-Brot

Wir geben die Zucchini, die grünen Bohnen, den Kürbis, die Karotten und das Wasser in eine große Pfanne und köcheln alles 5 Minuten lang bei mittlerer Hitze. Abtropfen und in einer großen Rührschüssel erkalten lassen.
In einer kleinen Schale vermischen wir die gesamten Zutaten für die Tunke aufs sorgfältigste. Zwiebel und Sauce auf das Gemüse geben, schwenken und bedeckt über Nacht in den Kühlschrank stellen.

In einer großen Schale vermengen wir Reis, Sauerrahm, Tofu, Zitronensaft und Knoblauch. Mit Salz und Pfeffer abschmecken und auf einer großen Servierplatte ringförmig anhäufen. Kurz vor dem Auftragen geben wir das kaltgestellte Gemüse in die Mitte und stecken Chips oder Pita-Brot dazu.

POLITA MIT ARTISCHOCKENHERZEN

Für 6 Personen

1 mittelgroße, in dünne Scheiben geschnittene Karotte
2 große Zwiebeln, feingehackt
3 große Kartoffeln, ungeschält, geviertelt
4 ganze Lauchzwiebeln, feingehackt
1/2 Teelöffel Meersalz
1/8 Teelöffel Pfeffer
1/2 Eßlöffel getrockneter Dill (oder 1 Eßlöffel frischer Dill)
Etwas Rohrzucker, Datteln oder 1/4 Teelöffel Honig
1/2 Tasse kaltgepreßtes Olivenöl
3 Eßlöffel frisch gepreßter Zitronensaft
2 Eßlöffel Vollkorn- oder ungebleichtes weißes Mehl
250 g aufgetaute oder frische Artischockenherzen
250 g fester Tofu, zerbröselt

Karotte, Zwiebeln, Kartoffeln, grüne Zwiebeln, Salz, Pfeffer, Dill und Zucker in einem großen Tiegel mit Wasser bedeckt zum Kochen bringen. Zurückschalten, Deckel auflegen und 15 Minuten leicht kochen lassen.
In einer kleinen Schale verquirlen wir das Olivenöl mit dem Zitronensaft und dem Mehl. Über das Gemüse gießen und bedeckt 7 Minuten kochen, bis die Sauce leicht eindickt. Die aufgetauten Artischockenherzen und den zerkrümelten Tofu zufügen und zum Kochen bringen. Zurückschalten, Deckel auflegen und 8 Minuten kochen, bis das Gemüse gar ist. Abkühlen lassen; abschmecken. Leicht gekühlt auf den Tisch bringen.

KARTOFFELSALAT

Für 8 - 10 Personen

120 g normaler Tofu, im Mixer glattgerührt
3/4 Tasse hausgemachte oder mit Honig leicht gesüßte Mayonnaise
1/2 Teelöffel Meersalz
1 Eßlöffel Zitronensaft
1/2 Teelöffel Senf
1/2 Teelöffel Pfeffer
2 hartgekochte, feingeschnittene Eier (nach Belieben)
6 Tassen mit Schale gekochte Kartoffeln, gewürfelt
1 Tasse Sellerie, gehackt
1/2 Tasse fein gehackte Zwiebel
Salatblätter (z.B. Radicchio) zum Garnieren
1 hartgekochtes Ei, in Scheiben geschnitten (nach Wahl)
Paprika zum Garnieren
Gehackte Petersilie zum Garnieren

In einer großen Salatschüssel vermischen wir zunächst den Tofu und die Mayonnaise, dann die nächsten 9 Zutaten. Wir schmecken mit Gewürzen ab und stellen den Salat in den Kühlschrank. Auf Salatblättern servieren, mit Eischeiben, Paprika und Petersilie garnieren.

MAROKKANISCHER AUBERGINENSALAT

Für 4 - 6 Personen

2 mittelgroße, geschälte Auberginen
1 Prise Meersalz
1/4 Tasse kaltgepreßtes Olivenöl
3 große Tomaten, ausgehöhlt und kleingeschnitten
2 grüne Paprikaschoten, in Scheiben geschnitten
250 g fester Tofu, zerkrümelt
2 - 3 feingehackte Knoblauchzehen
1 Eßlöffel frischer Schnittlauch oder Petersilie, feingehackt
1 Teelöffel süße Paprika
1/2 Teelöffel gemahlener Kümmel
Saft einer halben Zitrone

Wir schneiden die Aubergine in 1 - 1,5 cm breite Scheiben, salzen und stellen sie 15 Minuten in einem Durchschlag beiseite. Dann werden die Scheiben gut abgespült, um das Salz zu entfernen, und anschließend trockengetupft.
In einer großen Bratpfanne erhitzen wir das Olivenöl auf großer Flamme, geben die Auberginenscheiben hinzu und braten sie beidseitig goldbraun. (Man kann auch beide Seiten leicht mit Olivenöl bepinseln und unter dem Rost bräunen). Aus der Pfanne nehmen und abkühlen lassen. Den Herd zurückschalten, Tomaten und Paprika zufügen und bedeckt – unter gelegentlichem Umrühren – 10 - 15 Minuten lang kochen. Mit einem hölzernen Kochlöffel das Gemüse zerdrücken. Die Auberginenscheiben vierteln und hinzugeben; dabei gut umrühren. Bedeckt 20 - 25 Minuten lang kochen, bis sie völlig weich sind. Dann den Tofu, Knoblauch, Schnittlauch, Paprika und Kümmel zufügen und ohne Deckel unter häufigem Rühren bei mittlerer Flamme weitere 10 Minuten kochen. Überschüssiges Öl abgießen, nach Geschmack mit Zitronensaft und Salz abschmecken. Dazu servieren wir Pita-Brot oder Sesamknäckebrot.

TABOULI

Für 6 - 8 Personen

2 Tassen Wasser
1 Tasse trockener Bulghur oder Weizenschrot
1 Pfund fester Tofu, zerkrümelt
1 große zerschnittene Tomate
1 Bund Lauchzwiebeln, in Scheiben geschnitten
1 - 2 Teelöffel Meersalz
1/2 Teelöffel schwarzer Pfeffer
1 Tasse feingehackte Petersilie
1/2 - 1 Tasse feingehackte, frische Minze
3 Eßlöffel frisch gepreßter Zitronensaft
1/4 Tasse kaltgepreßtes Olivenöl

In einer großen Schüssel werden Bulghur und Wasser vermengt; 1 - 2 Stunden stehen lassen, oder bis das Wasser vollständig absorbiert und das Getreide weich ist.
Dann geben wir Tofu, Tomaten und Zwiebeln hinzu und schmecken mit Salz und Pfeffer ab. Der Salat wird mit Petersilie, Minze und Zitronensaft besprengt.
Das Olivenöl darübergießen und mit einem hölzernen Salatbesteck leicht unterheben. Mit den Gewürzen abschmecken und mit Pita-Brot servieren.

HAUPTGERICHTE

PARMESAN AUBERGINEN

Für 4 - 5 Personen

2 mittelgroße Auberginen
1/4 - 1/2 Teelöffel Olivenöl pro Auberginenscheibe
1 Prise Meersalz und 1 Prise schwarzer Pfeffer
Spaghetti-Sauce (s. Lasagne S. 104) oder eine vergleichbare italienische Sauce
Tofufüllung (s. Lasagne S. 104)
In Scheiben geschnittene Pilze zum Garnieren (nach Wunsch)

Die Auberginen ungeschält in 1 - 2,5 cm dicke Scheiben schneiden und in eine flache Bratpfanne legen. Mit Olivenöl bestreichen und mit Salz und Pfeffer würzen. 3 - 4 Minuten braten, bis sie bräunlich sind. Die Scheiben umdrehen und ebenfalls bräunen; aus der Pfanne nehmen und abkühlen lassen.
Den Ofen auf 175°C vorheizen. In einer 3-l-Pfanne verteilen wir die Sauce mit einem Löffel, so daß der Boden bedeckt ist. Darauf kommt im Wechsel je eine Lage Auberginenscheiben, Tofufüllung und Sauce; als letztes eine Schicht Tofu. Eventuell mit halbierten Pilzen garnieren. Dann 30 Minuten lang backen; vor dem Servieren ca. 10 Minuten stehen lassen. Als Beigabe sind heiße, gebutterte Nudeln und verschiedene Brotsorten zu empfehlen.

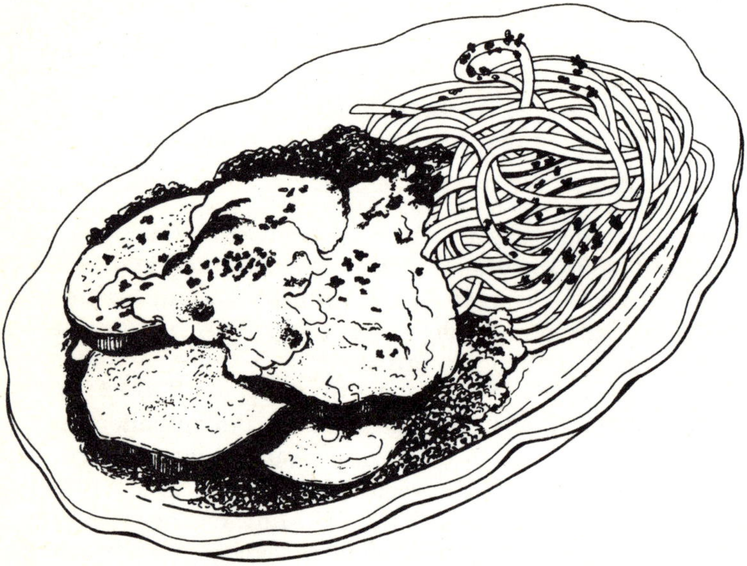

HERZHAFTE GANMO

Ergibt 30 Stück

2 Pfund normaler Tofu, 20 Minuten abgetropft und ausgedrückt
3 feingehackte Knoblauchzehen
4 Lauchzwiebeln, in Scheiben geschnitten
1 Teelöffel Anis- oder Fenchelsamen
1/4 Tasse frische Petersilie, geschnitten
1 1/4 Teelöffel Meersalz
3 Prisen schwarzer Pfeffer
1/2 Tasse geriebener Parmesan
1 verschlagenes Ei
1/2 Tasse trockene Vollkornbrotkrumen, fein zermahlen
2 - 3 Eßlöffel Olivenöl
Spaghetti-Sauce (s. Lasagne S. 104) oder eine vergleichbare italienische Sauce

In einer großen Schale den Tofu 5 Minuten lang verkneten; nach Zugabe der Gewürze und des Parmesan weitere 3 Minuten kneten, – oder bis die Mischung glatt und teigartig geworden ist. Das verschlagene Ei hineinarbeiten. Teelöffelgroße Portionen abnehmen und zwischen angefeuchteten Handflächen zu walnußgroßen Kugeln formen, die anschließend in den Bröseln gewälzt werden.
In einer schweren Bratpfanne von 25 cm Durchmesser wird das Öl bei mittlerer Temperatur erhitzt. Jeweils 3 oder 4 Kugeln auf einmal braten; oft wenden, bis sie goldbraun sind. 2 Minuten auf Haushaltspapier abtropfen lassen; zusammen mit der Spaghetti-Sauce in eine große Bratpfanne geben. Erhitzen und dann bei niedriger Flamme bis zu 1 Stunde sachte kochen lassen. Das Aroma verbessert sich je nach Länge der Kochzeit. Zu Spaghetti servieren.

ABWANDLUNGEN: Die wie angegeben fritierten Tofubälle als Sandwichfüllung zu Pita-Brot verwenden.
Den Tofu etwas flacher zu Frikadellen formen und auf Weizenbrötchen mit Sandwichbeilagen und einer geschmolzenen Scheibe Käse auf jeder Hälfte anbieten.

MATTAR PANIR

Ein mildes Currygericht, mit frischem, angenehmem Aroma

Für 4 Personen

350 g fester Tofu
Kaltgepreßtes Soja- oder Erdnußöl zum Fritieren
2 Eßlöffel feingehackter, frischer Ingwer
2 Teelöffel Jalapeno-Chilis, feingehackt
1 gehackte Zwiebel
3 Eßlöffel Tomatenmark
1 Teelöffel Gelbwurz (Kurkuma)
1/4 Teelöffel Cayenne
1 1/2 Teelöffel Meersalz
2 Eßlöffel Sauerrahm oder Joghurt
1 3/4 Tassen Wasser oder Molke von hausgemachtem Tofu
2 1/2 Tassen frisch geschälte Erbsen (oder zwei 300 g-Packungen Erbsen aus der Tiefkühltruhe)
1 1/2 Eßlöffel Garam Masala (Rezept s. S. 73)

Den Tofu im Durchschlag 30 Minuten abtropfen lassen; kreuzweise in 1 cm dicke Scheiben schneiden, die 30 Minuten lang zwischen zwei Geschirrtüchern gepreßt werden; in Würfel teilen. Wir gießen 2 - 3 cm hoch Öl in eine große, schwere Friteuse (oder Bratpfanne mit hohem Rand) und erhitzen es unter Zuhilfenahme eines Fritierthermometers auf 180°C. Jeweils 4 oder 5 Tofuwürfel auf einmal braten und öfters wenden, um sie 2 - 3 Minuten rundherum zu bräunen. Herausnehmen und auf Haushaltspapier abtropfen lassen; nach dem Erkalten bedecken und – falls sie im voraus zubereitet werden – im Kühlschrank aufbewahren.
Das Öl bis auf ca. 1/4 Tasse abgießen; Ingwer, Chilis und Zwiebeln bei mittlerer Temperatur unter ständigem Rühren sautieren, bis die Zwiebeln biegsam geworden sind. Tomatenmark, Gelbwurz und Cayenne zufügen, zurückschalten und 8 - 10 Minuten kochen, bis die Zwiebeln ganz weich sind. Salz, Sauerrahm und Wasser bei-

mischen. Erkalten lassen und – falls im voraus zubereitet – im Kühlschrank aufbewahren.
Tofuwürfel in die wieder erwärmte Sauce geben und bei niedriger Stufe 5 Minuten lang bedeckt kochen. Frische Erbsen 10 - 15, aufgetaute Erbsen 5 Minuten im unbedeckten Topf mitkochen, bis sie zart sind. In eine Servierplatte geben und mit Garam Masala bestäuben. Dazu reichen wir in Scheiben geschnittene Gurke und Zwiebeln in Joghurt, aufgeschnittene Tomaten und gedämpften braunen Reis.

Garam Masala:

Ein mildes, wohlriechendes Gewürz mit edlem, ungewöhnlichem Aroma, das sich zum Würzen verschiedenster Gerichte eignet.

Ergibt 1/3 Tasse

2 Eßlöffel Koriander (ganze Samen)
2 Teelöffel Kümmel
8 ganze Gewürznelken
1 Zimtstäbchen von 5 cm Länge
1/2 Teelöffel schwarzer Pfeffer (ganze Körner)
4 Lorbeerblätter

Koriander und Kümmel in einer trockenen Bratpfanne bei mittlerer Hitze 4 Minuten unter wiederholtem Schütteln rösten, bis die Samenkörner leicht gebräunt sind. Zusammen mit den übrigen Ingredienzien in einem Mixer zu feinem Pulver zermahlen. In einem Luftdicht verschlossenen Behälter aufbewahren.

CHILITOFU

Für 6 - 8 Personen

3 Eßlöffel kaltgepreßtes Olivenöl
3 mittelgroße, gehackte Zwiebeln
2 feingeschnittene Sellerie
4 feingehackte Knoblauchzehen
1 1/2 Pfund fester Tofu, zerkrümelt
1 Teelöffel Basilikum
1 Teelöffel Oregano
2 - 4 Eßlöffel Chilipulver
1 Teelöffel gemahlener Kümmel
1 Dose Tomaten (1l) oder 8 mittelgroße, frische Tomaten
1 Flasche Tomatensaft (450 g)
4 Tassen gekochte, gefleckte Feldbohnen (oder eine Mischung aus gefleckten, Kidney- und Schwarzen Bohnen)
Frisch gemahlener schwarzer Pfeffer zum Abschmecken
1 Teelöffel Meersalz

Wir erhitzen das Öl bei mittlerer Temperatur in einem großen Kessel, fügen Zwiebeln, Sellerie, Knoblauch und Tofu hinzu und sautieren, bis die Zwiebeln glasig sind. Gewürze hineinstreuen, gut umrühren; die Tomaten samt Saft (falls aus der Dose) einrühren. Frische Tomaten werden vorher enthäutet, damit sie viel Saft abgeben.
Ohne Deckel 15 Minuten lang kochen. Tomatensaft und Bohnen dazugeben. Zurückschalten und bedeckt 1 Stunde unter gelegentlichem Umrühren köcheln lassen. Die Gewürze abschmecken. Heiß servieren; in jede Portion einen Klecks Butter geben. Dazu grünen Salat und ofenfrisches Maisbrot.

ENCHILADAS

Diese Tofu-Variante der Mexikanischen Käse-Enchiladas gehört zu meinen Lieblingsrezepten.

Für 8 Personen

Sauce:

2 Eßlöffel kaltgepreßtes Sojaöl
1 gehackte Zwiebel
2 feingehackte Knoblauchzehen
1/3 Tasse grüne Chilis, gewürfelt
3 Eßlöffel Chilipulver
1 Teelöffel Kümmel
1/4 - 1/2 Teelöffel Cayenne (roter) Pfeffer
1 Teelöffel Meersalz
1/4 Teelöffel schwarzer Pfeffer
1 Tasse Tomatensaft
1 1/2 Tassen Tomatenmark
3 Tassen Bohnenkochwasser oder normales Wasser

Füllung:

1 1/2 Tassen normaler Tofu, 30 Minuten abgetropft und zu Klümpchen zerdrückt
1/2 - 3/4 Tasse Sauerrahm
1 Teelöffel Meersalz
1/2 Teelöffel Turmeric (Gelbwurz)
1 Prise Pfeffer
1/4 Teelöffel Paprika
1/2 Tasse in Scheiben geschnittene Pilze
1/2 Tasse Lauchzwiebeln, in Scheiben geschnitten
12 - 15 mittelgroße Tortillas (vorzugsweise aus Vollkornmehl)
Kaltgepreßtes Sojaöl zum Fritieren
1/3 Tasse schwarze Oliven, in Scheiben oder kleingeschnitten (nach Belieben)
Gehackte Petersilie oder Schnittlauch zum Garnieren

Sauce: Wir erhitzen das Öl in einem schweren 4-l-Topf über mittlerer Flamme, geben Knoblauch und Zwiebeln hinein und sautieren, bis die Zwiebeln weich und glasig sind. Die verbleibenden Zutaten für die Sauce in oben genannter Reihenfolge zufügen, wobei die Gewürze vor der Zugabe der flüssigen Ingredienzien 3 - 4 Minuten mitbraten. Dann 20 Minuten lang sachte kochen lassen; den Herd abschalten und die Sauce bis zum Verzehr stehen lassen.

Füllung: Wir vermengen in einer mittelgroßen Schale den Tofu mit dem Sauerrahm, bis eine glatte Creme entstanden ist; die Gewürze hineinstreuen und gut verrühren. Die Pilze und Zwiebeln dazugeben und – falls im voraus zubereitet – kaltstellen.
Den Ofen auf 175°C vorheizen. Einen großen, schweren Tiegel füllen wir ca. 2 1/2 cm hoch mit kaltgepreßtem Sojaöl und erhitzen es über mittlerer Flamme. Jeweils eine Tortilla in das Öl tauchen, bis sie anfängt, sich zu blähen – nicht kochen; sie sollen weich bleiben! Mit einer Zange wenden und nach 5 Sekunden herausnehmen. Jede Tortilla wird sofort anschließend in die Sauce getaucht oder auf einen Teller gelegt und mit der Sauce übergossen, so daß sie von beiden Seiten damit überzogen ist. 2 - 3 Eßlöffel werden als Füllung jeweils auf die Mitte der Tortilla gegeben. Dann falten wir sie von drei Seiten her nach innen zusammen, so daß die Füllung bedeckt ist, und rollen sie ein- oder zweimal zusammen, um einen nach unten hin geschlossenen Zylinder zu formen. Auf diese Weise verbrauchen wir ca. 2/3 der Füllung.
Wir löffeln soviel Sauce in zwei Backformen von ca. 32 x 37 cm Durchmesser, daß sie leicht davon bedeckt sind. Dahinein geben wir dicht an dicht und mit dem gefalteten Rand nach unten die Enchiladas, löffeln noch Sauce darüber und verwenden die übriggebliebene Füllung, um eine jede mit einem dünnen Strahl zu dekorieren. Wir garnieren außerdem mit gehackten oder in Scheiben geschnittenen schwarzen Oliven. 25 - 35 Minuten in den Ofen schieben, bis sie warm sind. Man kann die Enchiladas nach Wunsch noch mit gehackter Petersilie oder Schnittlauch bestreuen. Sofort servieren und eventuell gebackene Bohnen und grünen Salat dazu reichen, um die Mahlzeit zu vervollständigen.

ABWANDLUNGEN: Wir bereichern die Füllung mit gekochtem Reis oder einem anderem Getreide. Einen Tofu-Nuß-Braten zubereiten und gekocht zu der Füllung dazugeben oder auf die Enchiladas verteilen.

TOFU-RATATOUILLE

Unter Ratatouille versteht man einen Gemüseeintopf, wie er im Mittelmeerraum oder im Vorderen Orient üblich ist. Bei diesem Rezept bleiben Farbe und Konsistenz einer jeden Gemüseart erhalten. Man kann das Gericht heiß oder kalt auf den Tisch bringen, als Pfannkuchenfüllung oder zu Omelett.

Für 8 Personen

1 mittelgroße Aubergine, ungeschält
1 Pfund Zucchini, ungeschält
1 Teelöffel Meersalz
6 Eßlöffel Vollkorn- oder ungebleichtes weißes Mehl
1/3 - 1/2 Tasse kaltgepreßtes Olivenöl
1 Pfund fester Tofu, 20 Minuten abgetropft, 20 Minuten gepreßt und in 2 1/2 cm lange Würfel geschnitten
1 große, feingehackte Zwiebel
2 grüne Paprika, in 1 - 1 1/2 cm breite Streifen geschnitten
2 feingehackte Knoblauchzehen
2 Pfund Tomaten, in 1 - 1 1/2 cm breite Scheiben geschnitten
Meersalz und Pfeffer zum Abschmecken
3 - 6 Eßlöffel frischgeriebener Parmesan
6 Eßlöffel frisch gehackte Petersilie
3 Eßlöffel frischer Dill, kleingeschnipselt
1 1/2 Teelöffel Basilikum

Die Aubergine in 1 - 1 1/2 cm dicke Scheiben schneiden; jede Scheibe in Streifen zerteilen. Die Zucchini der Länge nach vierteln und jedes Viertel im Abstand von 5 cm zerschneiden. Auberginen- und Zucchinistückchen in einer mittelgroßen Schüssel salzen, vorsichtig mischen und 1/2 Stunde lang ziehen lassen. Die ausgetretene Flüssigkeit abtropfen lassen, gut abspülen und die Gemüsestückchen trocknen; anschließend leicht in Mehl wälzen.

Wir erhitzen 2 Eßlöffel Öl über mittlerer Flamme in einem großen Tiegel, bis sie heiß sind, aber nicht rauchen. Darin wird etwa die Hälfte der Auberginen und Zucchini goldgelb gebraten. Aus der Pfanne nehmen und die andere Hälfte wiederum in 2 Eßlöffel Öl sautieren. Aus der Pfanne nehmen. Falls nötig, 2 Eßlöffel Öl in die Pfanne gießen, und darin 5 Minuten lang den Tofu braten. Dazu kommen die Zwiebeln, der grüne Paprika und der Knoblauch. Nach 3 - 4 Minuten Tomaten, Salz und Pfeffer einrühren und weitere 5 Minuten lang kochen.
In einer kleinen Schale vermischen wir den Käse mit den Gewürzen. 1/3 der Tofu-Tomaten-Mischung in einer mittelgroßen Pfanne mit 1/3 der Käse-Gewürz-Mischung bestäuben und die Hälfte der Auberginen und Zucchini daraufgeben. In gleicher Reihenfolge weitere Lagen übereinander schichten; zuletzt eine Schicht Käse. Zugedeckt bei schwacher Hitze 10 Minuten lang sachte kochen lassen. Dann den Deckel abnehmen und 30 - 45 Minuten kochen, oder bis der größte Teil der Flüssigkeit aufgesogen ist.

TOFU-BOHNENKRAUT-EINTOPF

Für 6 - 8 Personen

1/4 Tasse kaltgepreßtes Olivenöl
1 1/2 Tassen in halbierte Ringe geschnittene Zwiebeln
1 Tasse Karotten, in 1/2 cm dicke Stücke zerschnitten
1 Tasse in Scheiben geschnittener Sellerie
2 fein zerhackte Knoblauchzehen
1 Tasse fester Tofu, 10 Minuten gepreßt und in
  2 1/2 cm lange Würfel geschnitten
1 1/2 Tassen Zucchini oder Kürbis, in dicke Brocken
  zerteilt
2 gewürfelte Tomaten
1 Eßlöffel Basilikum
1/4 Teelöffel Rosmarin
1/4 Teelöffel Bohnenkraut
2 Lorbeerblätter
Frisch gemahlener Pfeffer zum Abschmecken
2 Tassen Tomatensaft
1/3 Tasse Shoyu (naturbelassene Sojasauce)

Wir erhitzen das Öl auf mittlerer Stufe in einem großen Kessel, fügen Zwiebeln, Karotten, Sellerie und Knoblauch hinzu und sautieren, bis die Zwiebeln glasig sind. Tofu, Zucchini und Tomaten hineinrühren und weitere 4 Minuten braten. Die Gewürze unter ständigem Rühren hineinstreuen und 2 Minuten mitkochen — oder bis sie anfangen zu duften. Tomatensaft und Shoyu hineingießen, gut umrühren, zurückschalten und 1 Stunde lang sachte kochen lassen. Dazu reichen wir frisch gebutterte, weiche Brötchen, ganze gekochte Maiskolben und grünen Kopfsalat.

TOFU-NUSS-BRATEN

Für 4 Personen

1 Tasse frische, vermischte Nüsse
1 Tasse Vollkornbrotkrumen
1 Tasse gekochter brauner Reis
1 Pfund Tofu, gefroren, aufgetaut und zerkrümelt
1 feingehackte Zwiebel
1/2 Teelöffel Salbei
1/2 Teelöffel Tymian
1 - 1 1/2 Teelöffel Meersalz
1 Prise schwarzer Pfeffer
3 Eßlöffel Butter, geschmolzen
3 Spritzer Maggi-Würze
Eventuell etwas Wasser zum Verflüssigen

Den Ofen auf 180°C vorheizen. Die Nüsse in einem Mixer bei hoher Geschwindigkeit fein zermahlen. Alle Ingredienzien mit Ausnahme von 1 Eßlöffel Butter in einer Schale gut vermischen und, falls notwendig, mit Wasser befeuchten. Die fertige Mixtur wird in eine ausgebutterte Bratenreine oder Backform gedrückt. Wir lassen den Teig insgesamt 35 Minuten backen, begießen ihn aber bereits nach den ersten 15 Minuten mit der übrigen Butter. Zusammen mit Bratensaft oder einer Sauce servieren.

ZITRONEN-TOFUKUGELN

Für 4 - 6 Personen

Sauce:
3 Eßlöffel Butter oder kaltgepreßtes Oliven- oder Sojaöl
2 feingeschnittene Sellerie
2 große Zwiebeln, feingehackt
2 Karotten, feingeschnitten
2 Teelöffel Vollkorn- oder ungebleichtes weißes Mehl
1 1/3 Tassen heißes Bohnenkochwasser
Meersalz und frisch gemahlener Pfeffer zum Abschmecken

Tofukugeln:
500 g normaler Tofu, 30 Minuten abgetropft und ausgedrückt
1 Teelöffel Meersalz
2 große Knoblauchzehen, feingehackt
1 Eßlöffel frisch geriebene Zitronenschale
1 Eßlöffel frisch gehackte Petersilie
1/2 Teelöffel gemahlener Muskat
1/2 Teelöffel Thymian
1 Ei, leicht verschlagen
1/2 Tasse trockene Vollkornbrotkrumen, fein zermahlen
1 Eßlöffel Butter
2 Eßlöffel kaltgepreßtes Olivenöl
1/3 Tasse frischer Zitronensaft
1/4 Tasse Parmesan, nach Möglichkeit frisch gerieben

Sauce: Wir bringen die Butter in einem großen Tiegel bei mittlerer Flamme zum Schmelzen, geben Sellerie, Zwiebeln und Karotten hinzu und sautieren bei offener Pfanne 10 Minuten oder bis die Zwiebeln glasig sind. Das Mehl hineinschütten und 2 Minuten gleichmäßig verrühren, bis es leicht eingedickt ist; das Bohnenkochwasser hineingießen und 2 Minuten leicht kochen. Mit Salz und Pfeffer abschmecken und zur Seite stellen.

Tofukugeln: Wir kneten den gepreßten Tofu in einer mittelgroßen Schale 4 Minuten lang wie Brotteig, fügen Salz und Knoblauch hinzu und kneten 3 weitere Minuten, bis der Tofu glatt und teigartig geworden ist. Zitronenschale, Petersilie, Muskat und Thymian einarbeiten und nochmals 2 Minuten lang kneten. Das verschlagene Ei mit den Händen einkneten. Wir formen mit nassen Händen gehäufte Teelöffel der Mischung zu "Fleischklößchen"; anschließend in dem Paniermehl wälzen. In einer Pfanne von ca. 25 cm Durchmesser erhitzen wir Öl und Butter über mittlerer Flamme und braten darin.die Tofukugeln rundherum goldbraun.
Die Tofukugeln in die Sauce geben und ohne Deckel 1 Stunde leicht kochen. Mit Zitronensaft beträufeln und etwas Käse darüberstreuen. Sofort auf den Tisch bringen.

ZUCCHINI DESCANSO

Dieses Gericht wurde von meiner Schwester kreiert, als unser Garten eines Sommers von einer Zucchini-Welle überschwemmt wurde.

Für 4 - 6 Personen

1 Tasse kaltgepreßtes Olivenöl
2 große, ungeschälte Zucchini, in dünne Scheiben geschnitten
1 gehackte Zwiebel
2 Lauchzwiebeln, gehackt
1 grüne Paprikaschote, entkernt und feingeschnitten
1/4 Pfund in Scheiben geschnittene Pilze
1 1/4 Pfund fester Tofu, 20 Minuten abgetropft, trockengetupft und in 1/2 - 1 1/2 cm lange Würfel geschnitten
2 fein zerhackte Knoblauchzehen
2 Teelöffel Oregano
Meersalz und Pfeffer zum Abschmecken
1 Dose Tomaten (1l)
250 g Mozzarella
1 Prise roter Chili (nach Belieben)

Wir erhitzen das Öl bei mittlerer Stufe in einem großen, schweren (Suppen-) Topf, geben alle Zutaten mit Ausnahme der Tomaten und des Käses hinein und sautieren unter häufigem Rühren, bis die Zwiebeln und Zucchini glasig sind. Dann geben wir die Tomaten und die Hälfte ihrer Flüssigkeit zu dem Gemüse dazu, nehmen den Topf vom Herd und stellen ihn 3 - 4 Stunden oder über Nacht in den Kühlschrank.
Den Ofen auf 140°C vorheizen. Wir geben das Gemüse in eine rechteckige Backform (von ca. 23 x 28 cm), bestreuen es mit dem zerriebenen Mozzarella und backen es 35 Minuten (oder bis es vollständig erhitzt ist). Je nach Wunsch mit rotem Chili-Pfeffer bestäuben. Dazu gibt es gedämpften braunen Reis und Gartensalat.

TOFU PILZ CREPES

Ergibt ca. 15 Crêpes

Crêpes:
2 Tassen Vollkorn-Kuchenmehl
1/2 Teelöffel Meersalz
4 Eier
2 Tassen hochwertige Sojamilch oder Kuhmilch

Füllung:
2 Eßlöffel Sojamargarine
3 Eßlöffel Vollkorn- oder ungebleichtes weißes Mehl
1 1/4 Tassen hochwertige Soja- oder Kuhmilch, fast bis auf den Siedepunkt erhitzt
1/2 Teelöffel Meersalz
2 Eßlöffel feingehacke Zwiebeln
1 Pfund in Scheiben geschnittene Zwiebeln
1/2 Pfund normaler Tofu, zerbröckelt
3 Eßlöffel trockener Weißwein
Ca. 5 Eßlöffel Butter oder Margarine

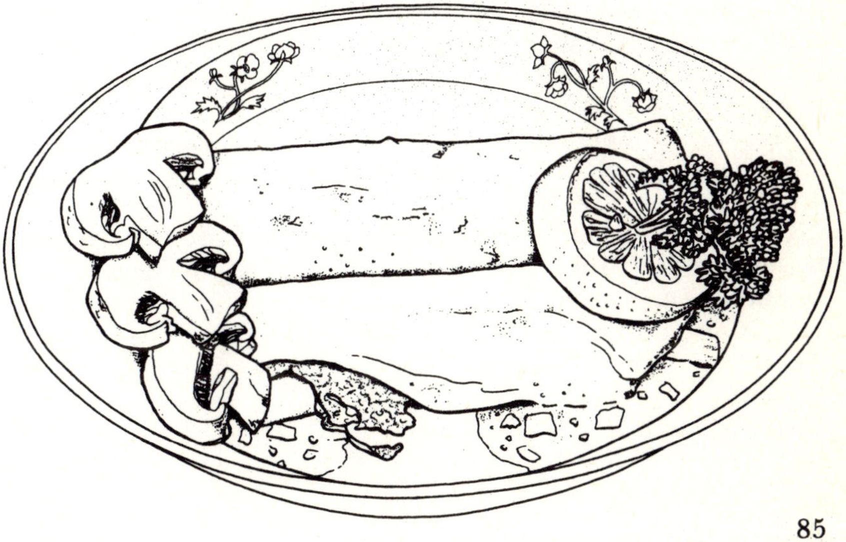

Crêpes: In einer mittelgroßen Schale Mehl und Salz vermengen; die Eier nacheinander hineinschlagen. Unter konstantem Rühren etwas Milch hinzugeben und solange verquirlen, bis ein dünner, glatter Eierteig entstanden ist. Wenigstens 2 Stunden kaltstellen.

Füllung: Wir bringen die Margarine in einem großen Topf bei mittlerer Hitze zum Schmelzen, bis sie leicht schaumig wird, stäuben das Mehl hinein und lassen es unter ununterbrochenem Rühren 3 - 5 Minuten kochen (oder bis der Inhalt des Topfes anfängt zu duften, ohne jedoch braun zu werden). Die erhitzte Milch langsam dazugießen, dabei ständig umrühren, um Klümpchen zu vermeiden. Salz, Zwiebel, Pilze, Tofu und Wein dazugeben; den Herd zurückschalten und 20 Minuten leicht kochen. Mit den Gewürzen abschmecken und warmstellen, bis die Crêpes zum Füllen vorbereitet sind.
Eine gußeiserne Pfanne oder eine Französische Crêpepfanne von ca. 20 cm Durchmesser über mittlerer Flamme erhitzen und etwa mit 1 Teelöffel Butter oder Margarine den Pfannenboden ausschwenken. Sobald die Butter zu schäumen beginnt, rühren wir den Crêpeteig nocheinmal um und geben etwa 1/4 Tasse in die Pfanne. Die Pfanne leicht schwenken, und den Boden gleichmäßig mit Teig zu bedecken; auf die Kochstelle stellen, bis der Teig fest genug ist, um gewendet zu werden. 2 - 3 Minuten auf beiden Seiten leicht bräunen. Auf diese Weise verbrauchen wir den gesamten Teig, wobei die Pfanne jedesmal gebuttert wird. Bis alle Pfannkuchen fertig sind, stellen wir sie in einen warmen Ofen oder packen sie in ein Tuch ein.
Jeweils 2 - 3 Eßlöffel der Tofu-Pilzmischung in die Mitte der Crêpes geben, die Ränder aufnehmen und über die Füllung decken.

ABWANDLUNG: Zum Frühstück oder als Nachtisch benutzen wir als Füllung die Tofu-Erdbeer-Speise aus dem Kapitel über Desserts und krönen die Crêpes mit Schlagsahne.

QUICHE OHNE KRUSTE

Meine Mutter kreierte eines Sommertages dieses Rezept, als meine Schwestern und ich gerne Quiche essen wollten, aber eine Abneigung gegen die Kruste hatten.

Für 4 - 6 Personen

2 mittelgroße oder 4 - 5 kleine, ungeschälte und in feine Scheiben geschnittene Kürbisse
Je 3/4 Tasse geriebener Cheddar, Gruyère und Schweizer Käse, gerieben
1/3 Tasse gewürfelte Chilis
1/2 Pfund normaler Tofu, zerkrümelt
2 gute Prisen Maggie-Würze
1/2 Teelöffel Basilikum
1/2 Teelöffel Oregano
1/4 Teelöffel Majoran
Meersalz und Pfeffer zum Abschmecken
2 Eier
1/3 Tasse Milch

Den Ofen auf 180°C vorheizen. Den Kürbis dämpfen wir in einem Drucktopf oder einen Kochtopf zusammen mit 3 - 4 Eßlöffeln Wasser bei mittlerer Hitze, bis er weich ist, aber noch Biß hat. Boden und Seitenwände einer Backform werden mit den Kürbisscheiben ausgelegt. Nacheinander mit dem Cheddar, Chilis, Tofu, Gruyère, Gewürzen und schließlich dem Schweizer Käse bestreuen. In einer kleinen Schale verquirlen wir die Eier leicht schaumig, gießen die Milch hinzu und schütten alles über die Quiche. 45 Minuten bis 1 Stunde lang backen. 10 Minuten abkühlen lassen, dann aufschneiden und zu herzhaftem Grünem Salat und Tomatensalat servieren.

GEFÜLLTE GRÜNE PAPRIKA

Für 4 Personen

4 große grüne Paprika
1 Tasse kochendes Wasser
1 Teelöffel Meersalz
1 1/2 Pfund fester oder normaler Tofu, gefroren, aufgetaut und zerkrümelt
1/4 Tasse kleingehackte Zwiebel
1/4 Tasse kleingeschnittener Sellerie
1 Teelöffel Meersalz
1 Ei
1/2 Tasse Milchpulver
1 Tasse gekochter brauner Reis

Sauce:
1 Dose Tomaten (1l)
1/4 Zwiebel, kleingehackt
1/2 Teelöffel Meersalz
1 Eßlöffel Rohrzucker
1/4 Teelöffel Zimt
1/2 Teelöffel gemahlene Nelken
1 Eßlöffel Vollkorn- oder ungebleichtes weißes Mehl
1/4 Tasse kaltes Wasser

Wir lösen aus jeder Paprikaschote das Kerngehäuse heraus, ohne die äußere Frucht zu verletzen. Abspülen und in das gesalzene kochende Wasser legen; bedeckt 5 Minuten kochen lassen, aus dem Wasser nehmen und umgedreht auf Haushaltspapier abtropfen lassen. In einer mittelgroßen Schale vermischen wir Tofu, Zwiebeln, Sellerie, Salz, Ei, Milch und Reis. Mit den Gewürzen abschmecken und dann in die Paprikaschoten füllen. In eine viereckige Backform setzen

Sauce: Den Ofen auf 180° C vorheizen. In einer kleinen Bratpfanne vermischen wir die Tomaten mit den Zwiebeln, Salz, Zucker, Zimt und Nelken; unbedeckt 10 Minuten bei schwacher Hitze köcheln lassen. Das Mehl in das kalte Wasser einrühren, bis es glatt ist und in die Sauce geben.
Bei mittlerer Hitze so lange kochen, bis sie etwas eingedickt ist. Wir gießen die Sauce über die Paprika und backen sie 45 - 50 Minuten.

ABWANDLUNG: Wir geben die Füllung in Mangold- oder Kohlblätter: die Gemüseblätter leicht dämpfen, 1 oder 2 Eßlöffel der Füllung hineingeben und zusammenrollen, eventuell mit Zahnstochern feststecken. So in eine Backform geben, daß der äußerste Blattrand nach unten zu liegen kommt, mit der Sauce begießen und nach Rezeptanweisung backen.

TOFU STROGANOFF

Für 4 - 6 Personen

1 Eßlöffel Butter
3 Eßlöffel kaltgepreßtes Sojaöl
2 Pfund fester Tofu, abgetropft, gepreßt und in Scheiben von 1 - 1,5 cm Dicke und 5 cm Länge geschnitten
1 Spritzer Shoyu (naturbelassene Sojasauce)
1/2 Tasse Lauchzwiebeln, in feine Ringe geschnitten
1/2 Pfund Pilze, in dünne Scheiben geschnitten
1 Eßlöffel Vollkorn- oder ungebleichtes weißes Mehl
1/2 Tasse Weißwein
1/2 Tasse Sauerrahm
1 Eßlöffel Tomatenmark
1 Teelöffel Meersalz (nach Geschmack)
Frisch gemahlener schwarzer Pfeffer nach Geschmack
2 Eßlöffel feingehackte Petersilie

Wir erhitzen Butter und 2 Eßlöffel Öl über mittlerer Flamme in einem schweren Tiegel von 30 cm Durchmesser, bis die Butter anfängt zu schäumen; dann geben wir die Tofustückchen hinein und braten sie unter Zugabe von etwas Shoyu, bis sie auf beiden Seiten leicht gebräunt sind. Mit einem Schaumlöffel geben wir sie auf eine Servierplatte.
Das übrige Öl in die Pfanne gießen, Zwiebeln und Pilze zufügen und unter häufigem Umrühren 3 - 4 Minuten sautieren (oder bis sie leicht gebräunt sind).
Nach und nach das Mehl, Wein und Sauerrahm einrühren, dann das Tomatenmark, Salz und Pfeffer und schließlich die gebratenen Tofustückchen, die von der Sauce gut bedeckt sein sollen. Deckel auflegen, 2 - 3 Minuten lang erhitzen, mit Gewürzen abschmecken und auf einer Servierplatte mit Petersilie anrichten. Dazu reichen wir Nudeln oder braunen Reis.

TOFU CHOW MEIN

Für 4 Personen

2 Eßlöffel Erdnuß- oder Sesamöl
2 Pfund fester Tofu, 20 Minuten lang abgetropft, 15 Minuten gepreßt und in 1/2 cm breite Streifen geschnitten
4 Eßlöffel Shoyu (naturbelassene Sojasauce)
2 feingehackte Knoblauchzehen
1 mittelgroße Zwiebel, der Länge nach halbiert, dann quer in 1/2 cm breite Ringe geschnitten
2 Sellerie, in Streifen von 10 cm Länge und 1/4 cm Breite geschnitten
1 Tasse feingeraspelter Weißkohl
1 Tasse feine Erbsen, wenn möglich frisch
1/2 Tasse fein geschnittene Maronen (aus dem Glas oder getrocknet und gekocht)
1/2 Pfund frische Pilze, in Scheiben geschnitten
1 1/2 Tassen Bohnensprossen
1 1/2 Teelöffel Meersalz
1 3/4 Tassen Wasser oder die Brühe gekochter Bohnen
2 Eßlöffel Pfeilwurzelmehl oder Maisstärke
1/2 Tasse geröstete Mandeln, in Stifte geschnitten oder feingehackt

Wir erhitzen das Öl in einem Wok oder einer schweren Pfanne von 25 cm Durchmesser, bis es sehr heiß ist, aber noch nicht raucht, geben den Tofu hinein und schmoren 4 Minuten bei mittlerer bis starker Hitze. 1 Eßlöffel Shoyu hineinspritzen, Knoblauch und Gemüse dazugeben und 2 - 3 Minuten unter ständigem Rühren sautieren. Salz, die restliche Sojasauce und 1 1/4 Tassen (Bohnen-) Wasser hinzuschütten. Die Pfanne bedeckt 6 - 8 Minuten über mittlerer Flamme stehen lassen, bis das Gemüse gar ist, aber noch Biß hat.

Das Pfeilwurzelmehl im restlichen Wasser auflösen und in das "Chow Mein" einrühren. 30 Sekunden lang kochen, bis die Sauce klar und dick ist. Die Pfanne von der Kochstelle nehmen; den Inhalt auf eine Servierplatte geben und mit Mandelsplittern bestreuen. Zu gedämpftem braunen Reis sofort servieren.

BURRITOS AUS TOFU & GEMÜSE

Für 4 - 6 Personen

2 Eßlöffel kaltgepreßtes Sojaöl
1 große Zwiebel, in dünne Ringe geschnitten
2 feingehackte Knoblauchzehen
1 Pfund Tofu, gefroren, aufgetaut und zerkrümelt
1/2 Pfund Pilze, in Scheiben geschnitten
1 große Paprika, gewürfelt
2 mittelgroße Karotten, gewürfelt
4 mittelgroße Zucchini, in Scheiben geschnitten
2 große Tomaten, zerschnitten
3/4 Tasse grüne Chilis, gewürfelt
1 Teelöffel Chilipulver
1 Teelöffel Meersalz
1/2 Teelöffel Kümmel
1/2 Teelöffel Oregano
1 Tasse geriebener Käse
10 - 12 Tortillas aus Vollkornmehl
Guacamole (s. S. 23) und Sauerrahm zum Garnieren

Wir erhitzen das Öl bei mittlerer Flamme in einem großen Tiegel, geben die Zwiebel, den Knoblauch und den Tofu hinzu und sautieren, bis die Zwiebel weich ist. Pilze, Pfeffer, Karotte, Zucchini, Tomaten, Chilis und Gewürze hinzugeben, zum Kochen bringen, dann zurückschalten und bedeckt 10 Minuten köcheln lassen, bis das Gemüse gerade weich ist. Die Hälfte des Käses hineinrühren, alles in eine flache Backform löffeln und mit dem restlichen Käse bestreuen. Grillen, bis der Käse geschmolzen ist und Blasen wirft.
Den Ofen auf 180°C vorheizen. Die Tortillas werden in Folie gewickelt und etwa 20 Minuten gebacken. Schließlich wird in die Mitte jeder Tortilla ein Eßlöffel der Gemüsemischung gegeben und mit Guacamole und Sauerrahm gekrönt. Wir falten die Tortillas von den Seiten her zusammen, so daß die Füllung bedeckt ist.

TOFU CREOLE

Dieses Gericht wird normalerweise mit Garnelen zubereitet, aber auch hier beweist Tofu seine ideale Vielfältigkeit.

Für 8 Personen

1/3 Tasse und 2 Eßlöffel kaltgepreßtes Sojaöl
3 Pfund normaler Tofu, 1 Stunde lang abgetropft und in 2 1/2 cm lange Würfel geschnitten
1 Spritzer Shoyu (naturbelassene Sojasauce)
2 Tassen feingehackte Zwiebeln
1 Tasse feingehackte grüne Pfefferschoten
1 Tasse feingeschnittener Sellerie
2 Teelöffel feingehackter Knoblauch
4 Tassen Tomaten aus der Dose, abgetropft und feingeschnitten
1 Tasse Wasser
2 mittelgroße Lorbeerblätter
2 - 3 Teelöffel Paprika (nach Belieben)
1/4 - 1/2 Teelöffel roter Cayenne (nach Belieben)
1 Eßlöffel Meersalz
2 Eßlöffel Pfeilwurzelmehl oder Maisstärke, in 1/4 Tasse kaltem Wasser aufgelöst
6 - 8 Tassen frisch gekochter brauner Reis

Wir erhitzen 2 Eßlöffel von dem Öl in einem 4- oder 5 - Liter-Tiegel über großer Flamme. Sobald es sehr heiß ist, geben wir den Tofu hinein und schmoren ihn unter häufigem Rühren mit einem Schaber, so daß er nicht festbackt. Etwas Shoyu darauf spritzen (es zischt und raucht); 3 - 4 Minuten kochen lassen, bis er fest und gebräunt ist, dann aus der Pfanne nehmen und beseite stellen.
Nun geben wir das restliche Öl in den Tiegel und erhitzen es über mittlerer Flamme. Zwiebeln, Pfefferschoten, Sellerie und Knoblauch hineingeben, 5 Minuten sautieren, bis das Gemüse weich und glasig, aber noch nicht gebräunt ist, dabei immer wieder umrühren.

Die Tomaten, den geschmorten Tofu, Wasser, Lorbeerblätter, Paprika, Cayenne und Salz zufügen, umrühren und bei hoher Flamme zum Kochen bringen. Dann zurückschalten und halb bedeckt 30 Minuten sachte kochen lassen, dabei hin und wieder umrühren. Das aufgelöste Pfeilwurzelmehl einrühren, 2 - 3 Minuten unter ständigem Rühren kochen (oder bis die Sauce leicht eindickt). Die Lorbeerblätter werden entfernt. Mit Gewürzen abschmecken und zu Reis servieren.

TOFU-CHOPS

Anstelle von Krabben findet hier Ganmo Verwendung, eine Art Tofu-Frikadelle.

Für 4 - 6 Personen

3 Tassen normaler Tofu, abgetropft und gepreßt
2 feingehackte Knoblauchzehen
1/4 Tasse feingehackte Petersilie
1/4 Tasse feingehackte Lauchzwiebeln
3 Teelöffel Meersalz
10 Eßlöffel Butter
1/4 Tasse Vollkorn- oder ungebleichtes weißes Mehl
1 Tasse Milch
1/2 Teelöffel roter Cayenne
3 Eier
3 Tassen frisches Paniermehl aus Vollkornbrot
Kaltgepreßtes Soja- oder Maisöl zum Fritieren
1 Zitrone, zum Garnieren in Scheiben geschnitten

Wir kneten den abgetropften und ausgepreßten Tofu 5 Minuten lang in einer mittelgroßen Rührschüssel, fügen Knoblauch, Petersilie, Zwiebeln und 2 Teelöffel Salz hinzu, verkneten alles, bis der Tofu sich glatt und teigartig anfühlt, und stellen ihn dann beiseite.

Die Butter wird bei mittlerer Stufe in einem schweren Tiegel geschmolzen; dann geben wir unter stetem Rühren das Mehl hinein. Mit einem Schneebesen wird ganz langsam die Milch hineinverquirlt; alles auf höchster Flamme zum Kochen bringen, so daß die Mischung etwas eindickt und glatt wird. Bei zurückgeschalteter Herdplatte unbedeckt 2 - 3 Minuten köcheln lassen. Cayenne und den restlichen Teelöffel Salz hineinstreuen. Die Pfanne vom Herd nehmen und anschließend den Inhalt gut mit dem zubereiteten Tofu vermengen. Wir schmecken mit Gewürzen ab, bedecken die Schüssel mit einem Geschirrtuch und stellen sie für mindestens 2 Stunden in den Kühlschrank.

In einer flachen Schale werden die Eier mit einem Schneebesen leicht verquirlt. Das Paniermehl auf einer Platte verteilen. Die Tofumischung wird in 8 - 12 gleiche Portionen geteilt. Wir formen jede zu einem tränenförmigen Schnitzel von ca. 1 - 1 1/2 cm Dicke. Die Schnitzel in den Brotkrümeln wälzen, in die verschlagenen Eier tauchen und nochmals von beiden Seiten panieren. Anschließend dicht an dicht auf einer großen Pfanne plazieren und 1/2 Stunde kaltstellen.

Einen Wok oder einen schweren Topf ca. 7 cm hoch mit Öl füllen und unter Zuhilfenahme eines Fritierthermometers auf 180°C erhitzen.

Jeweils 1 oder 2 "Schnitzel" 2 - 3 Minuten lang fritieren, bis die äußere Hülle aus Paniermehl knusprig und gebräunt ist. Auf Haushaltspapier abtropfen lassen, mit Zitrone garnieren und mit einer Salatsauce zum Eintunken servieren. Dazu gekochtes Getreide und gedämpftes Brokkoligemüse oder Spargel.

GEGRILLTE TOFU-STEAKS MIT KNOBLAUCH-KRÄUTERBUTTER

Für 4 Personen

Knoblauchbutter:
4 Eßlöffel weiche Butter
1 Eßlöffel feingehackte Lauchzwiebeln
1 Eßlöffel feingehackte Knoblauchzehen
2 Eßlöffel frische Petersilie, feingehackt
Meersalz und Pfeffer zum Abschmecken

Tofu-Steaks:
1 Pfund fester Tofu, 10 Minuten abgetropft, in 4 cm dicke Stücke geschnitten und 20 Minuten gepreßt
2 Eßlöffel geschmolzene Butter
Meersalz und frisch gemahlener schwarzer Pfeffer
2 Zitronen, in Scheiben geschnitten

Butter: Mit einem Holzlöffel rühren wir die Butter in einer kleinen Schale cremig und arbeiten dann die Gewürze hinein.

Tofu: Den Grill oder Bratrost 15 Minuten lang vorheizen. Den Tofu mit einem Geschirrtuch abtupfen. Mit einem Pinsel bestreichen wir jedes Tofusteak auf beiden Seiten mit der geschmolzenen Butter. Dann grillen wir sie auf jeder Seite 3 Minuten, und zwar im Abstand von ca. 7 - 10 cm vom Rost. Nach Belieben mit Salz und Pfeffer bestreuen; mit Knoblauchbutter bestreichen und mit Zitronenscheibchen garniert auf den Tisch bringen.

TOFU MIT PILZEN IN WEISSWEIN-SAUCE

Für 6 Personen

Tofu:
2 Eßlöffel kaltgepreßtes Sojaöl
2 Pfund fester Tofu, 30 Minuten abgetropft und in Würfel von 2 1/2 cm Länge geschnitten
Etwas Shoyu (naturbelassene Sojasauce)
1 1/2 Tassen Wasser
1 1/2 Tassen Weißwein
3 Lauchzwiebeln, in Ringe geschnitten
3 Sellerie mit Blattgrün, in 5 cm lange Stücke geschnitten
4 Petersiliestengel
1 Lorbeerblatt
10 Pfefferkörner
3/4 Pfund in Scheiben geschnittene Pilze

Sauce:
4 Eßlöffel Butter
5 Eßlöffel Vollkorn- oder ungebleichtes weißes Mehl
1 Tasse hochwertige Sojamilch oder 3/4 Tasse Kuhmilch und 1/4 Tasse Sahne
2 Eigelb
3 Tropfen frisch gepreßter Zitronensaft
1 1/2 - 2 Teelöffel Meersalz
Frisch gemahlener schwarzer Pfeffer
2 feingehackte Knoblauchzehen
1/2 Teelöffel Majoran
1/4 Teelöffel Basilikum
1/4 Tasse geriebener Schweizer Käse

Tofu: Das Öl bei mittlerer Stufe in einer schweren Bratpfanne erhitzen. Den Tofu hineingeben und 10 Minuten sautieren. Dann in eine Schüssel geben, mit Shoyu besprengen und stehen lassen. In einem schweren 3-Liter-Topf vermengen wir das Wasser mit dem Wein, den Zwiebeln, Sellerie, Petersilie, Lorbeerblatt und Pfefferkörnern und bringen alles über großer Flamme zum Kochen; zurückschalten und ohne Deckel 20 Minuten köcheln lassen. Diese Brühe geben wir durch ein Sieb in die schwere Bratpfanne und halten dabei das Gemüse zurück. Pilze und Tofu zufügen und bedeckt 8 Minuten lang sachte kochen lassen, dann mit einem Schaumlöffel herausnehmen und in eine große Schale geben. Die verbleibende Brühe auf 1 Tasse einkochen lassen.

Sauce: Die Butter in einem 3-Liter-Topf bei mittlerer Hitze schmelzen. Vom Herd nehmen und das Mehl einrühren. Dann wieder auf kleine Flamme stellen und unter ständigem Rühren 1 - 2 Minuten kochen, aber nicht braun werden lassen. Den Tiegel von der Platte nehmen und langsam die Brühe und Milch hineinquirlen, bis die Sauce dick geworden ist und kocht; bei kleiner Flamme 1 Minute lang sachte kochen.
Wir verquirlen das Eigelb in einer kleinen Schale und geben nach und nach 4 Eßlöffel von der Sauce hinzu. Die entstandene Mischung schütten wir unter Rühren in den Tiegel mit der Sauce. Bei mittlerer Hitze 30 Sekunden lang kochen, dabei ständig umrühren. Vom Herd nehmen, Zitronensaft und Gewürze hinzugeben. Die Sauce sollte so dick sein, daß sie an einem eingetauchten Löffel hängen bleibt – ist sie zu dick, so läßt sie sich mit Sojamilch verlängern.

Den Ofen auf 180°C vorheizen. Die Sauce über Tofu und Pilze gießen und leicht verrühren. 6 flache Formen ausbuttern, füllen und mit dem geriebenen Käse bestreuen. Wir stellen sie für 10 - 15 Minuten (oder bis die Sauce Blasen wirft) in den Ofen, anschließend – um die oberste Schicht zu bräunen – noch für 3 Sekunden in einen heißen Grill.

TOFU CURRY GERICHT

Für 4 - 6 Personen

1/3 Tasse und 1 Eßlöffel kaltgepreßtes Sojaöl
2 Pfund fester Tofu, 20 Minuten abgetropft, 15 Minuten gepreßt und in Würfel von 2 1/2 cm Länge geschnitten
1 Spritzer Shoyu (naturbelassene Sojasauce)
2 Teelöffel frische Ingwerwurzel, geputzt und feingehackt
1/2 Teelöffel feingehackter Knoblauch
1 1/2 Teelöffel Meersalz
3 mittelgroße Zwiebeln, in Ringe geschnitten
2 Eßlöffel Currypulver
1 Teelöffel gemahlener Koriander
1 Teelöffel gemahlener Anis
1/2 Teelöffel Zimt
3 mittelgroße, feste, aber reife Tomaten, in Scheiben geschnitten
3 Eßlöffel frisch gepreßter Zitronensaft
1/2 Tasse Wasser

Wir erhitzen das Öl in einem schweren Tiegel von 30 cm Durchmesser, bis es sehr heiß ist, aber nicht anfängt zu rauchen, und schmoren darin den Tofu unter ständigem Rühren, damit er nicht anhängt. Mit Shoyu besprengen und 3 - 4 weitere Minuten unter Rühren bräunen und fest werden lassen. In einer Schale zur Seite stellen.

In einem Mörser zerstampfen wir Ingwer, Knoblauch und Salz zu einer trockenen Paste.

Das verbleibende Öl in dem schweren Tiegel über mittlerer Flamme erhitzen, bis es leicht raucht; darin braten wir die Zwiebeln unter häufigem Rühren weich und goldbraun, geben Curry, Koriander, Anis und Zimt hinzu, nach 2 Minuten die Ingwer-Knoblauch-Paste, die Tomaten, den geschmorten Tofu, Zitronensaft und Wasser und bringen alles zum Kochen. Zurückschalten und unter häufigem Rühren sachte kochen, bis die Tomaten weich sind und auseinanderzufallen beginnen. Einen gut sitzenden Deckel auflegen, 15 Minuten kochen, mit Gewürzen abschmecken. Dazu kann man Reis servieren, in Scheiben geschnittene Gurke, Joghurt und Rosinen, Erdnüsse und Kokosnuß.

TOFU-SANDWICH

Bei diesem Rezept verwenden wir Tofu anstelle von Austern.

Für 4 Personen

3 Tassen normaler Tofu, abgetropft und gepreßt
2 feingehackte Knoblauchzehen
1/4 Tasse feingehackte Lauchzwiebeln
2 1/8 Teelöffel Meersalz
2 Eier
1/2 Tasse Milchpulver
1 Tasse Mais- oder Vollkornmehl
1 1/2 Tassen frisches Paniermehl aus Vollkornbrot
1 französisches Weißbrot
Hausgemachte Salatsauce oder "Italian Dressing"
Kaltgepreßtes Sojaöl zum Fritieren
Hausgemachte oder mit Honig leicht gesüßte Mayonnaise
1 1/2 Tassen in feine Streifen geschnittener Kopfsalat oder Sprossen
1 große, in Scheiben geschnittene Tomate

Wir kneten den Tofu 5 Minuten lang in einer mittelgroßen Schüssel, fügen Knoblauch, Zwiebeln und 2 Teelöffel Salz hinzu und kneten weitere 3 Minuten, bis der Tofu glatt und teigig ist. Zur Seite stellen.
Die Eier verquirlen wir in einer flachen Schale und mischen anschließend das Milchpulver und den restlichen 1/8 Teelöffel Salz darunter. Das Mehl und die Brotkrümmel werden jeweils separat

auf Wachspapier verteilt. Den Tofu in Fladen von ca. 6 cm Durchmesser und 1 - 1 1/2 cm Dicke formen. Die Fladen werden in Mehl gewälzt, in die verschlagenen Eier getunkt und anschließend in den Brotbröseln paniert. 30 Minuten kaltstellen.
Wir heizen den Ofen auf 180°C vor. Dann schneiden wir das Brot der Länge nach auf und höhlen die Hälften schalenartig aus. Beide Innenseiten mit "Italian Dressing" bestreichen, auf ein Backblech setzen und 15 Minuten knusprig und goldbraun backen.
Mit Hilfe eines Fritierthermometers erhitzen wir das Öl (ca. 7 cm hoch) in einem Wok oder einem schweren Tiegel auf 180°C und fritieren darin die Tofuschnitzel. Alle 2 - 3 Minuten mit einem Schaumlöffel wenden, bis sie knusprig und goldbraun sind, dann auf Haushaltspapier abtropfen.
Die Mayonnaise auf den Brotlaiben verstreichen; auf der unteren Hälfte Salat oder Sprossen plazieren, darauf die Tomatenscheiben und den Tofu verteilen und das Sandwich zusammenklappen. In vier Teile schneiden und servieren.

LASAGNE

Wie die Enchiladas ist dies eines meiner Lieblingsgerichte, das ich gerne Gästen vorsetze. Das Rezept für die Sauce ist in unserer Familie, solange ich mich erinnern kann. Es war stets eine Sonntagsmahlzeit und ist in Verbindung mit dem sahnigen Geschmack von Tofu ganz besonders gut.

Sauce: *Für 8 Personen*

3 Eßlöffel kaltgepreßtes Olivenöl
1 1/2 Tassen gehackte Zwiebel
2 feingehackte Knoblauchzehen
800 g Tomatenmark
7 Tassen Tomaten aus der Büchse
1/2 Eßlöffel Honig
1 Eßlöffel Meersalz
1/2 Teelöffel gemahlener Pfeffer
1 Eßlöffel Oregano, fein zerrieben
oder 1 1/2 Teelöffel Oregano plus 1 1/2 Teelöffel italienische Gewürzkräutermischung
2 Lorbeerblätter
1 geraspelte Karotte

Füllung:

1 1/2 - 1 3/4 Pfund Tofu, 20 Minuten abgetropft und trockengetupft
225 g Sauerrahm
3/4 Tasse feingehackte Zwiebel
1 1/2 Teelöffel Meersalz
1 Prise schwarzer Pfeffer
1 - 2 Teelöffel Honig (nach Belieben)
1/4 Teelöffel Paprika
4 Liter Wasser
1 Eßlöffel kaltgepreßtes Sojaöl
225 g Lasagnenudeln (Vollkorn-, Soja- oder Spinatnudeln)
In Scheiben geschnittene Pilze und schwarze Oliven zum Garnieren (nach Wahl)

Sauce: Wir erhitzen das Öl bei mittlerer Stufe in einem großen Topf, fügen die Zwiebeln und den Knoblauch hinzu und sautieren, bis sie weich, aber noch nicht braun sind. Die übrigen Ingredienzien für die Sauce unter stetem Rühren hinzufügen, zurückschalten und ohne Deckel 30 Minuten lang sachte kochen lassen. Je länger die Sauce kocht, desto dickflüssiger wird sie – deshalb eventuell mit etwas Wasser verdünnen.

Füllung: Den Tofu in einer mittelgroßen Schüssel verteilen. Zusammen mit dem Sauerrahm glattrühren, dann die Zwiebeln, Salz, Pfeffer, Honig und Paprika zufügen. Mit Gewürzen abschmecken und zur Seite stellen.
In einem großen Topf bringen wir Wasser und Öl zum Kochen, schütten die Nudeln hinein und kochen sie weich, aber so, daß sie noch Biß haben (ca. 15 Minuten). In einem großen Sieb abtropfen lassen.
Den Ofen auf 160°C vorheizen. In eine große Backform etwas Sauce geben, dann abwechselnd eine Lage Nudeln, Tofufüllung und wieder Sauce, zuletzt eine Schicht Tofu, die man nach Belieben mit halbierten Pilzen und schwarzen Oliven garnieren kann. 30 Minuten lang backen, bis die Lasagne gut durchwärmt ist.
Abschalten und bei leicht geöffneter Ofentür weitere 15 - 20 Minute stehen lassen. Wir servieren mit einem Salat aus Spinatblättern und heißem Knoblauchbrot.

ABWANDLUNGEN: Zu dem Tofu und der Sauce kommen Schichten von leicht gedämpftem Spinat.
Für ein reichhaltiges, aber kalorienarmes Gericht ersetzen wir die Nudeln mit frischen Zucchini, die längs in 1/2 - 1 cm dicke Streifen geschnitten werden.

TOFU SÜSS-SAUER

Für 2 Personen

2 Eier, leicht verquirlt
1/4 Tasse Vollkorn- oder ungebleichtes weißes Mehl
2 Eßlöffel Pfeilwurzelmehl oder Maisstärke
2 Eßlöffel trockener Sherry
1/2 Teelöffel Meersalz
1 1/2 Pfund fester Tofu, 20 Minuten abgetropft, 20 Minuten gepreßt und in Würfel von 2 cm Länge geschnitten.

Sauce:
4 - 6 Eßlöffel Honig
6 Eßlöffel Apfel- oder Weinessig
2 Teelöffel Shoyu (naturbelassene Sojasauce)
1/4 Tasse Tomatenmark
1 Teelöffel Pfeilwurzelmehl oder Maisstärke
1/2 Teelöffel Tabasco
1/4 Tasse (Bohnenkoch-) Wasser
Kaltgepreßtes Sojaöl zum Fritieren
1 mittelgroße, in Würfel geschnittene Karotte
6 getrocknete chinesische Morcheln, 1/2 Stunde in heißem Wasser getränkt und trockengetupft
1 Tasse Brokkoliröschen
2 Teelöffel frischer Ingwer, feingehackt

In einer kleinen Schale vermischen wir Eier, Mehl, Pfeilwurz, Sherry und Salz, geben den Tofu hinein, so daß er gut bedeckt ist und stellen das Ganze 30 Minuten kalt.
In einer anderen Schale werden die Zutaten für die Sauce verrührt. Beiseite stellen. In einem Wok erhitzen wir unter Zuhilfenahme eines Fritierthermometers ca. 7 - 8 cm Öl über großer Flamme auf 180°C und braten darin den Tofu goldbraun. Anschließend nehmen wir ihn mit einer Schaumkelle heraus und lassen ihn auf Haushaltspapier abtropfen.

Das Öl bis auf 2 Eßlöffel abgießen; Karotten, Pilze und Brokkoli unter stetem Rühren 1 Minute lang braten, dann den Ingwer hinzufügen und weitere 5 Sekunden schmoren. Dann kommt der Tofu hinzu. Zusammen mit der Sauce über mittlerer bis großer Flamme erhitzen und gut vermengen. Sofort auf den Tisch bringen.

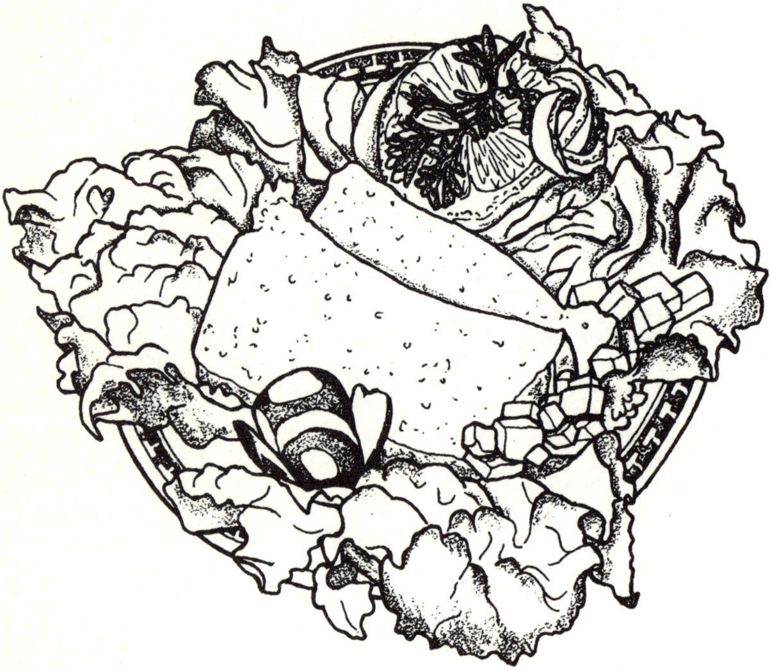

SCHNELLES TOFU-SANDWICH

2 - 3 Eßlöffel kaltgepreßtes Sojaöl
1 Pfund fester Tofu, 10 Minuten abgetropft, in 4 Stücke geschnitten und 30 Minuten gepreßt
1 Spritzer Shoyu (naturbelassene Sojasauce)
1 Prise Pfeffer
2 Scheiben Vollkornbrot
Senf
Mayonnaise
1/2 mittelgroße Zwiebel, in dünne Ringe geschnitten
5 mittelgroße, in Scheiben geschnittene Pilze
1/2 Tasse Sprossen
1/2 mittelgroße Tomate, in Scheiben geschnitten
Etwas geriebener Käse

Wir erhitzen das Öl in einem großen Tiegel, geben die Tofustücke hinein und bräunen sie von beiden Seiten. Jede Scheibe mit Shoyu und Pfeffer bestreuen und dann auf Haushaltspapier abtropfen lassen.
Eine Scheibe Vollkornbrot mit Senf und Mayonnaise bestreichen, mit Tofu belegen und mit Zwiebelringen, Pilzen, Sprossen und Tomaten garnieren. Darauf geben wir etwas geriebenen Käse, den wir unter einem Grill oder Bratrost zum Schmelzen bringen, bis er Blasen wirft. Dazu reichen wir Chips und Kartoffelsalat.

SAUTIERTER PILZTOFU

Für 2 - 3 Personen

2 - 3 Eßlöffel kaltgepreßtes Sojaöl
1 Pfund fester Tofu, 10 Minuten abgetropft, 20 - 30 Minuten gepreßt und in Würfel von 2 1/2 cm Länge geschnitten
10 mittelgroße, in Scheiben geschnittene Pilze
1/2 große Zwiebel, in dünne Ringe geschnitten
Etwas Shoyu (naturbelassene Sojasauce)
Pfeffer
1/2 - 3/4 Tasse geriebener Käse

Das Öl erhitzen wir über mittlerer Flamme in einer großen Bratpfanne und bräunen darin unter häufigem Umrühren den Tofu von allen Seiten. Pilze und Zwiebeln hineingeben und weitere 5 Minuten sautieren. Zurückschalten, reichlich mit Shoyu beträufeln und nochmals 5 Minuten unter Rühren sautieren. Die Pfanne von der Platte nehmen, mit geriebenem Käse und anschließend mit Pfeffer bestreuen und für ein paar Minuten in den Grill stellen, bis der Käse völlig geschmolzen ist. Dazu geröstetes Vollkornbrot und Tomatenscheiben.

ABWANDLUNGEN: Wir löffeln den zubereiteten Tofu auf heiße Maistortillas, falten sie zusammen und garnieren mit Sprossen, Avocado und hausgemachter scharfer Sauce.

DESSERTS

ROSIELIES SCHOKOLADENCREMEPUDDING

Für 8 Personen

3 Pfund normaler Tofu, 20 Minuten abgetropft und trockengetupft
1 Ei
1/2 Teelöffel Meersalz
1/2 l Sauerrahm
1/2 Teelöffel Vanille
4 Eßlöffel feines Vollkornmehl oder ungebleichtes weißes Mehl
1 Tasse Honig
2 Eßlöffel heißes Wasser
2 Eßlöffel pulverisierter Getreidekaffee oder Carokaffee
3 Eßlöffel Butter
3 Stücke Kuvertüre
1/2 Tasse Granola, fein zermahlen

Wir verquirlen Tofu, Ei, Salz, Sauerrahm, Vanille, Mehl und Honig in einer großen Rührschüssel oder in einem Mixer bei mittlerer Geschwindigkeit. Caro oder Getreidekaffe in heißem Wasser auflösen, dazugeben und vermischen.
Butter und Kuvertüre im Wasserbad schmelzen, ebenfalls dazugeben und mixen.
Wir heizen den Ofen auf 160°C vor. Eine Springform wird mit Butter ausgefettet und mit Granola bestäubt. Den Tofu hineingeben und für 1 Stunde in den Backofen schieben, dann auf einem Drahtgestell abkühlen lassen. Vor dem Servieren für mindestens 8 Stunden in den Kühlschrank stellen.

(Anmerkung: Granola ist ein in Honig und Zucker leicht geröstetes Müsli; in Naturkostläden ist es auch unter den Namen *Crunchy* erhältlich.)

TOFU-REIS-PUDDING

Für 4 Personen

2 Tassen gekochter brauner Reis
1/2 Pfund normaler Tofu, zerkrümelt
1/3 Tasse Ahornsirup oder Honig
1/2 Tasse Weintrauben, 15 Minuten lang in Orangensaft leicht gekocht, dann abgetropft
2 kleine Äpfel, mit Schale in feine Scheiben geschnitten
1 Teelöffel Butter

Den Ofen auf 160°C vorheizen. Reis, Tofu und Sirup oder Honig in einer Rührschüssel vermengen, Rosinen und Äpfel darunterheben und alles in eine kleine Backform geben. Obenauf geben wir die Butter und schieben die Form für 40 Minuten mit Deckel in den Ofen. Dazu reichen wir eventuell etwas Milch oder Schlagsahne.

GEDECKTE APFELTORTE

Für 8 - 10 Personen

Kuchenboden:
1 1/2 Tassen feines Vollkornmehl
1 Tasse gemahlene Mandeln
1/3 Tasse Honigflocken (aus dem Naturkostladen)
1/4 Teelöffel Meersalz
1/4 Teelöffel Zimt
1/2 Tasse Soja- oder normale Margarine
1 Ei

Füllung:
3 Pfund Äpfel (z. B. Granny Smith)
mit Schale in Scheiben geschnitten
1 Eßlöffel Zitronensaft
4 Eßlöffel Butter
1 Pfund normaler Tofu, gepreßt und zerkrümelt
5 Eßlöffel Honig
1/4 Tasse feines Vollkornmehl oder ungebleichtes
weißes Mehl
1/4 Teelöffel Muskat
Etwas Zimt
Etwas Koriander
1/4 Tasse honiggesüßte Orangenmarmelade
1/4 Tasse honiggesüßtes Himbeerkompott

Kuchenboden: Die trockenen Zutaten in einer kleinen Schale vermengen, die Margarine hineinschneiden und zu Streuseln verarbeiten. Das Ei einkneten, bis der Teig nicht mehr am Schüsselrand klebt. 1/3 Tasse abnehmen und beiseite stellen. Den Rest des Teiges drücken wir in eine Springform, so daß Boden und Seitenwände gut ausgekleidet sind. Anschließend kaltstellen.

Füllung: In einer großen Schale schwenken wir die Apfelscheiben behutsam im Zitronensaft. 2 Eßlöffel Butter werden in einer großen Pfanne bei mittlerer Flamme erhitzt. Die Hälfte der Apfel-

scheiben hineingeben und unter vorsichtigem Rühren braten, bis sie außenherum weich zu werden beginnen. Dann heben wir sie mit einem Schaumlöffel in eine große Schüssel. Mit der anderen Hälfte der Äpfel verfahren wir ebenso.
Zu der übrigbleibenden Butter geben wir den zerkrümelten Tofu und sautieren, bis er leicht und flockig geworden ist und anfängt zu duften. Dann vermengen wir ihn mit den Äpfeln, streuen Mehl und die Gewürze darüber und heben sie sachte unter.
Der Backofen wird auf 220°C vorgeheizt. Die Tofu-Apfel-Mischung in den gekühlten Kuchenboden löffeln. Den Einbehaltenen Teig auf einer gut bemehlten Unterlage ausrollen, in 4 Streifen schneiden und in Form von 2 Kreuzen über die Füllung legen. An den Rändern etwas festdrücken. 10 Minuten backen, dann auf 170°C zurückschalten. Nach 20 Minuten bepinseln wir die Torte obenauf mit Orangenmarmelade und stellen sie für weitere 10 - 15 Minuten in den Backofen. Dann lassen wir sie 15 Minuten lang auf einem Drahtrost abkühlen. Über der Füllung etwas von den eingemachten Himbeeren verteilen. Je nach Wunsch warm oder kalt servieren, eventuell mit Schlagsahne.

SCHOKOLADENTORTE

Für 6 - 8 Personen

Kuchenboden:
1/4 Tasse Butter
1 Eßlöffel Honig
2 Tassen Granola oder andere Brösel, möglichst fein zerkrümelt

Füllung:
6 gehäufte Eßlöffel Agar-Agar (in Pulverform)
3/4 Tasse kochendes Wasser
2 Pfund normaler Tofu, 20 Minuten abgetropft und trockengetupft
1 Tasse Honig
120 g geschmolzene Kuvertüre
2 Teelöffel Vanille
2 Teelöffel Zimt
Schlagsahne zum Verzieren
Zartbittere Schokolade zum Verzieren

Boden: Den Ofen auf 150°C vorheizen. In einer kleinen Pfanne bringen wir die Butter zum Schmelzen und fügen dann unter Rühren den Honig hinzu. Dies geben wir zusammen mit den Granola-Bröseln in eine Schüssel und vermischen alles gut. Eine Auflaufform von 22 - 25 cm Durchmesser damit auskleiden und für 5 Minuten in den Ofen stellen.

Füllung: Die Agar-Agar-Flocken lösen wir in einem Kochtopf mit kochendem Wasser auf, schalten dann zurück und rühren 2 Minuten lang gut um, bis eine dicke Paste entstanden ist. (Eventuell auch von der Kochstelle nehmen). In einem Mixer vermischen wir 1 Pfund Tofu, 1/2 Tasse Honig und die Hälfte von dem aufgelösten Agar-Agar bei mittlerer Geschwindigkeit 2 - 3 Minuten lang. Zwischenrein die Seitenwände eventuell mit einem Schaber abwischen. Die geschmolzene Kuvertüre hineingeben, mixen und dann alles vorsichtig über den Kuchenboden verteilen.

Den Mixer gründlich abwaschen. Den restlichen Tofu, 1/2 Tasse Honig und Agar-Agar auf beschriebene Weise darin mixen, die geschmolzene Butter, Zimt und Vanille zufügen und weitere 2 - 3 Minuten lang mischen. Wir verteilen alles über der Schokoladentofuschicht und stellen die Torte über Nacht oder aber für wenigstens 6 Stunden in den Kühlschrank. Kurz vor dem Servieren verzieren wir sie noch mit Schlagsahne und raspeln zartbittere Schokolade darüber.

EISTORTE

Ein sehr reichhaltiger, schwerer Kuchen, über den man sich nicht allzu eifrig hermachen sollte!

Für 8 - 10 Personen

1 Pfund normaler Tofu, 20 Minuten abgetropft und trockengetupft
1 Teelöffel Vanille
1 Eßlöffel Zimt
1/2 Teelöffel Meersalz
1/4 Tasse geschmolzene Butter
6 Eßlöffel Carobpulver (Johannisbrotpulver)
1 Tasse Honig
2 Tassen im Mixer fein gemahlene Walnüsse
2 Tassen Vollweizenmehl oder ungebleichtes weißes Mehl
2 Eßlöffel Backpulver (aus dem Reformhaus)
1/4 l Schlagrahm
1 Tasse Johannisbrotschnitze
1 Packung tiefgekühltes Vanilleeis (rechteckig)
Schlagsahne zum Verzieren

Wir heizen den Backofen auf 170°C vor. Bei mittlerer Geschwindigkeit werden Tofu, Vanille, Zimt und Salz 2 - 3 Minuten lang cremig gemixt, die Seitenwände des Gerätes zwischendurch eventuell mit einem Gummischaber abgewischt. In einem Kochtopf schmelzen wir Butter und Honig bei mittlerer Temperatur, geben das Johannisbrotpulver dazu und schütten die Mischung zu dem Tofu in den Mixer. 2 Minuten bei mittlerer Geschwindigkeit verquirlen.
In einer kleinen Schale vermengen wir die gemahlenen Walnüsse mit dem Mehl und dem Backpulver. Zusammen mit der Tofumischung in eine Rührschüssel geben, Schlagrahm und Johannisbrotschnitze unterrühren.

Wir gießen den Teig in eine ausgefettete Springform von ca. 22 cm Durchmesser und backen ihn 2 Stunden. Auf einem Drahtgestell abkühlen lassen und vor dem Servieren mindestens sechs Stunden lang kaltstellen. (Während des Backens sackt der Kuchen in der Mitte ein wenig zusammen).
Kurz vor dem Auftragen schneiden wir den Kuchen waagerecht durch und belegen die untere Schicht mit Vanilleeiscreme-Scheiben. Die obere Hälfte wieder daraufsetzen, in der Mitte mit Schlagrahm füllen und sofort servieren.

ZITRONENTORTE MIT BEEREN

Ein kühles, feines und schmackhaftes Dessert, das außerdem einen erfreulichen Anblick bietet, weil die Farben der Beeren und der Zitrone einen reizvollen Kontrast vor Augen führen!

Für 8 Personen

Teig:
1 Tasse Haferflocken
1/2 Tasse ungesüßte Kokosnußraspeln
1 Eßlöffel Datteln oder Rohrzucker

Füllung:
450 g ungesüßte Brombeeren aus der Tiefkühltruhe (oder auch andere gefrorene Beeren)
1/2 Tasse Saft von den abgetropften Beeren
2 Pfund normaler Tofu, 20 Minuten abgetropft und trockengetupft
1 Tasse Joghurt (eventuell mit Zitronengeschmack) ungesüßt oder mit etwas Honig verfeinert
1/2 Eßlöffel Vanille
1 Eßlöffel Zitronenextrakt
1 Eßlöffel und 1 Teelöffel Tahin (Sesammus)
1/4 Teelöffel Meersalz
7 gehäufte Eßlöffel Agar-Agar-Flocken
1/2 Tasse heißes Wasser
1 1/4 Tassen Honig

Tortenboden: Eine Springform von ca. 22 cm Durchmesser gut ausfetten. Alle Zutaten für den Boden in einer kleinen Schale gut vermengen und anschließend in die Springform drücken. Kaltstellen.

Füllung: Die Beeren auftauen und in einem Sieb abtropfen lassen; dabei anfallende Flüssigkeit in einer Schale auffangen. Tofu, Joghurt, Vanille, Zitronenextrakt, Tahin und Salz im Mixer 2 - 3 Minuten bei mittlerer Geschwindigkeit verquirlen. Falls nötig,

schaben wir die Seitenwände des Gerätes zwischendurch mit einem Gummispachtel ab.
In einer kleinen Pfanne lösen wir 4 Eßlöffel von dem Agar-Agar in heißem Wasser auf und lassen es unter Rühren bei schwacher Hitze 2 Minuten lang eindicken. Von der Flamme nehmen. In einer anderen Schale vermengen wir 1 Tasse von der Tofumischung mit dem aufgequollenen Agar-Agar, geben sie dann wieder in den Mixer und stellen das Gerät 2 - 3 Minuten auf mittlere Geschwindigkeit. In einer kleinen Pfanne wird der abgetropfte Beerensaft bei schwacher Flamme erhitzt, bis er fast kocht. Das restliche Agar-Agar einrühren und quellen lassen. Die Beeren vermengen wir in einer mittelgroßen Schale mit dem Honig und geben langsam die eingedickte Flüssigkeit hinzu.
Den Ofen auf 170°C vorheizen. Den Tortenboden aus dem Kühlschrank holen und mit der Tofumischung füllen. Darauf verteilen wir vorsichtig die Beeren. 45 Minuten lang backen und über Nacht kaltstellen.

BOBBYS FRUCHTAUFLAUF A LA HAWAI

Für 8 Personen

3 große Äpfel (Granny Smith) mit der Schale
in dünne Scheiben geschnitten
1/2 Pfund normaler Tofu, zerkrümelt
1/2 frische Ananas, in kleine Stücke geschnitten und
abgetropft – oder 1 mittelgroße Dose ungesüßte
Ananas, ebenfalls abgetropft
1 1/2 - 2 Tassen Preiselbeersauce (von unter Verwendung
von Honig, Orangensaft und Nelken selbst einge-
machten Beeren)
3/4 Tasse Vollweizenmehl
1/8 Teelöffel Meersalz
1/4 Tasse feingehackte Walnüsse
6 Eßlöffel Sojamargarine oder Butter
Ca. 1/2 Teelöffel Honig

Den Backofen auf 170°C vorheizen. In eine leicht gebutterte Auflaufform von ca. 20 x 25 cm geben wir eine Lage Äpfel, darauf eine Schicht Tofu, Ananas, Preiselbeersauce und so fort in dieser Reihenfolge, bis alles aufgebraucht ist.
In einer kleinen Schale Mehl, Salz und Walnüsse vermengen, die Margarine hineinschneiden und alles zu Streuseln verarbeiten, die über die letzte Schicht Preiselbeersauce in der Auflaufform verteilt werden. Wir backen 30 Minuten, oder bis die Äpfel so weich sind, daß sie sich mit einer Gabel mühelos durchstechen lassen.
Obenauf den Honig verteilen und nochmals in den Ofen schieben, bis sich goldbraune Bläschen zeigen.

TOFUAUFLAUF IN SIRUP

Für 4 - 6 Personen

1/2 - 3/4 Tasse Honig
1 Teelöffel Vanille
2 zerteilte Zimtstangen
1 1/3 Tassen Wasser
1/2 Tasse Orangensaft
2 Nelken
1 1/2 Pfund normaler Tofu, 5 Minuten abgetropft, 30 Minuten gepreßt und in 2,5 cm lange Würfel geschnitten.

In einer tiefen Pfanne werden Honig, Vanille, Zimt, Wasser, Orangensaft und Nelken vermengt. Bei mittlerer Hitze 5 - 10 Minuten lang kochen lassen, von der Flamme nehmen, vorsichtig den Tofu hineingeben. Vor dem Servieren kalt werden lassen. Dieser Auflauf hält sich bedeckt bis zu 2 Wochen im Kühlschrank, obgleich er am zweiten oder dritten Tag sein bestes Aroma entwickelt.

TOFU-ERDBEER-SPEISE

Für 4 - 6 Personen

1 1/2 l frische Erdbeeren, gewaschen, geputzt und halbiert
2 Orangen, geschält und gewürfelt
3 Eßlöffel Honig
1 Pfund normaler Tofu, 20 Minuten abgetropft, 30 Minuten gepreßt und in 1 - 1 1/2 cm lange Würfel geschnitten
2 Eßlöffel Orangenlikör
Schlagsahne zum Garnieren (nach Wunsch)

Alle Zutaten mit Ausnahme der Schlagsahne in einer großen Schüssel vermengen. Vor dem Servieren 1 Stunde kaltstellen, mit Schlagsahne verzieren.

BLINTZES

Für 6 Personen

Füllung:
1 Pfund normaler Tofu, 30 Minuten abgetropft
2 Eßlöffel und 1 Teelöffel Honig
1 Teelöffel Vanille
1 Teelöffel Tahin (Sesammus)
1 Eßlöffel frisch gepreßter Zitronensaft
1/4 Teelöffel Meersalz

Blintz:
3/4 Tasse Vollweizenmehl oder ungebleichtes weißes Mehl
1 Tasse Mischung zu gleichen Teilen aus Ale- und Porterbier
1/2 Teelöffel Zimt
1/2 Teelöffel Meersalz
2 Eßlöffel kaltgepreßtes Soja- oder Maisöl
2 Eier
1 - 2 Eßlöffel Butter zum Braten

Alle Zutaten für die Füllung in einem Mixgerät bei mittlerer Geschwindigkeit 2 - 3 Minuten mischen (zwischendurch die Seitenwände abkratzen) und anschließend in eine mittelgroße Schale geben. Auf die gleiche Weise verfahren wir mit den Ingredienzien für die Blintzes.
In einer schweren Bratpfanne bringen wir die Butter über mittlerer Flamme zum Schmelzen und backen darin einen mittelgroßen Pfannkuchen, bis er auf einer Seite gebräunt ist. Auf eine vorgewärmte Platte geben. Auf diese Weise verbrauchen wir den gesamten Teig und stapeln die fertigen Blintzes übereinander. Auf die gebackene Seite kommen jeweils 2 - 3 Eßlöffel von der Tofufüllung, dann wird der Pfannkuchen von der Seiten her zusammengefaltet, so daß die Füllung bedeckt ist. Wieder einen Eßlöffel Butter in die Pfanne geben, die Blintzes hineinsetzen und bei mittlerer Temperatur braten, bis sie braun und knusprig sind. Sofort servieren – dazu reichen wir Sauerrahm und honiggesüßte Erdbeermarmelade.

TOFU-APFELTORTE

Für 8 Personen

Tortenboden:

1 Tasse Vollweizenmehl oder ungebleichtes weißes Mehl
1 Tasse Weizenkeime
2 gehäufte Eßlöffel honiggesüßtes Aprikosenkompott
1/4 Teelöffel Meersalz
1/3 Tasse kaltgepreßtes Maisöl

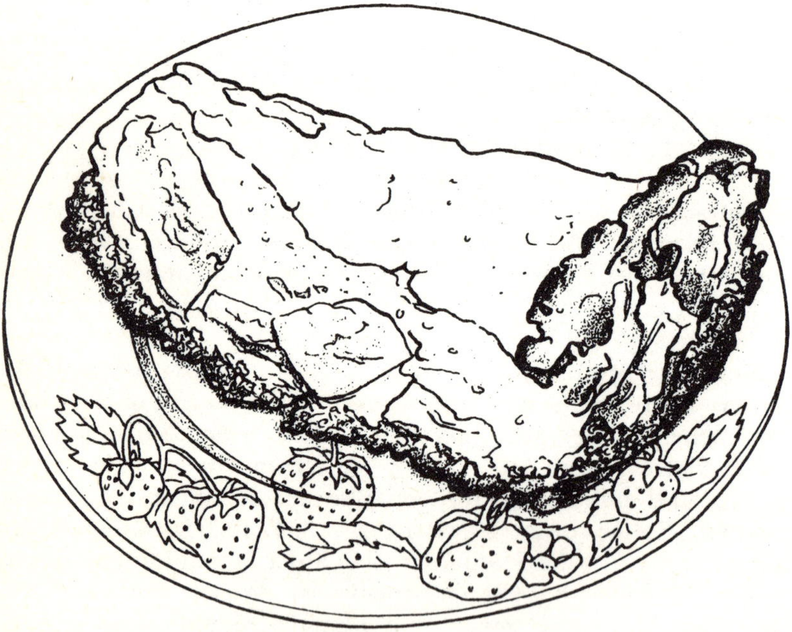

Füllung:
1/4 Tasse Butter
6 große Äpfel, mit Schale in Scheiben geschnitten
1 1/2 Tassen honigesüßtes Aprikosenkompott
1/2 Tasse Honig
1 Pfund normaler Tofu, 20 Minuten abgetropft und trockengetupft
1 Teelöffel Vanille
1 Teelöffel Zimt
1 Eßlöffel Tahin (Sesammus)
1/4 Teelöffel Meersalz

Tortenboden: Wir vermischen alle Zutaten in einer mittelgroßen Schüssel. Den entstandenen Teig drücken wir in eine Backform von ca. 23 - 25 cm Durchmesser und stellen ihn kalt.

Füllung: Den Ofen auf 170°C vorheizen. Wir bringen die Butter in einer großen Bratpfanne zum Schmelzen und nehmen sie anschließend von der Kochstelle. Die Apfelstücke und 1/2 Tasse vom Aprikosenkompott gut darin vermischen. Wir stellen die Pfanne wieder auf eine niedrige bis mittelstarke Kochplatte und lassen die Äpfel bedeckt 10 Minuten lang schmoren, bis sie weich, aber noch nicht musig sind. Mit einem Schaumlöffel herausnehmen und in eine große Schale geben. Der Saft verbleibt in der Bratpfanne.
Tofu, Honig, Vanille, Zimt, Tahin, Salz und 1/4 Tasse Aprikosenkompott in einem Mixgerät bei mittlerer Geschwindigkeit vermixen, bis eine glatte Creme entstanden ist. Eventuell etwas von dem einbehaltenen Saft zusetzen, um das Mixen zu erleichtern. Die Äpfel geben wir zurück in die Bratpfanne und rühren die Tofumischung darunter.
Wir holen den Tortenboden aus dem Kühlschrank und verstreichen die restliche 3/4 Tasse Aprikosenkompott darauf. Dann die Tofu-Apfel-Zubereitung hineingießen. 1 Stunde lang backen; auf einem Drahtgestell abkühlen lassen. Vor dem Servieren für mindestens 4 Stunden kaltstellen.

ABWANDLUNG: Bevor wir sie in den Backofen stellen, bestreuen wir die Torte mit gehackten Walnüssen und ungesüßten Kokosraspeln.

KÜRBISTORTE

Für 8 Personen

1 450-g-Büchse Kürbis (bei Verwendung von frischem Kürbis doppelt soviel Gewürze nehmen)
2 Pfund normaler Tofu, 20 Minuten abgetropft und trockengetupft
2 Teelöffel Vanille
1 Tasse Honig
1/4 Teelöffel Meersalz
1 Teelöffel Nelkenpulver
1 Teelöffel Muskat
2 Teelöffel Zimt
6 gehäufte Eßlöffel Agar-Agar-Flocken
1/2 Tasse heißes Wasser
3/4 l Schlagrahm

Den Backofen auf 170°C vorheizen. Die ersten acht Zutaten in einer großen Rührschale vermengen und zunächst die erste Hälfte, dann die zweite in einem Mixer bei mittlerer Geschwindigkeit 2 - 3 Minuten lang gut durchmixen. Anschließend wieder zusammengeben.
In einer kleinen Schale mit heißem Wasser lösen wir das Agar-Agar auf und rühren um, bis es aufgequollen ist; dann geben wir 1 Tasse von der Tofu-Kürbis-Mischung hinzu. Das Agar-Agar in die übrige Mischung rühren und dann 1/4 l Schlagsahne. Alles vorsichtig in eine ausgefettete Springform von ca. 22 cm Durchmesser geben; 1 Stunde lang backen; abkühlen lassen; über Nacht in den Eisschrank stellen. Erst kurz vor dem Auftragen vorsichtig aus der Form lösen. Den restlichen 1/2 l Sahne schlagen und die Torte damit verzieren.

TOFU NUDELAUFLAUF

Dieser Auflauf läßt sich süß – als Dessert – servieren oder aber, durch Verwendung anderer Gewürze, als ein Hauptgericht.

Für 6 - 8 Personen

1 Pfund normaler Tofu, gepreßt und zerkrümelt
3 Eßlöffel Honig
2 Teelöffel Zimt
1/4 Teelöffel Meersalz
1/4 Tasse Butter, geschmolzen
1 Tasse Sultaninen
1 Tasse dunkle Rosinen
1/2 Tasse gehackte Walnüsse (nach Wahl)
5 Tassen gekochte (Suppen-) Nudeln (z.B. Vollweizen- oder Sojanudeln)

Den Backofen auf 160°C vorheizen. Den Tofu, Honig, Zimt, Salz und die geschmolzene Butter in einer mittelgroßen Schale sorgfältig vermengen. Weintrauben und Nüsse unterrühren, anschließend die Nudeln mit den Händen hineinarbeiten. Wir gießen alles in eine große, ausgefettete Back- oder Auflaufform und schieben sie für 1 Stunde in den Herd. Heiß servieren – dazu Eiscreme oder Schlagsahne, je nach Wunsch. Dieser Auflauf ist auch kalt sehr schmackhaft.

SÜSSKARTOFFELAUFLAUF

Für 8 Personen

Boden:

1 1/4 Tassen Vollweizenmehl oder ungebleichtes weißes Mehl
1/2 Tasse Granola
1/8 Teelöffel Meersalz
2/3 Tasse pulverisierte Magermilch
1/2 Tasse Butter
1 Teelöffel Vanille
1 Ei
1/3 Tasse Honig
2 Tassen fertige Kokosraspeln
2 Teelöffel Zimt

Füllung:

2 Süßkartoffeln, geschält und in 1/2 cm dicke Scheiben geschnitten
1 Pfund normaler Tofu, 20 Minuten abgetropft und trockengetupft
1 Eßlöffel Butter
1/2 Tasse Rosinen
1/2 Tasse Honig
1 Teelöffel Nelkenpfeffer
1 Teelöffel Zimt

Boden: Wir vermengen alle Zutaten für den Boden in einer mittelgroßen Schüssel mit einem Handmixer oder den Händen. Mit 2/3 der Masse kleiden wir eine Backform von ca. 23 - 25 cm Durchmesser aus und behalten das restliche Drittel als Decke für den Auflauf zurück.

Füllung: Die Süßkartoffelscheiben im Dampfdrucktopf oder einem mittelgroßen Kochtopf zusammen mit 3 - 4 Eßlöffel Wasser über mittlerer Flamme 15 - 20 Minuten dämpfen, bis sie gar sind. Wir geben den Tofu, die Butter, Rosinen, Honig, Nelkenpfeffer und

Zimt in einen Mixer und stellen das Gerät für 2 - 3 Minuten auf mittlere Geschwindigkeit. Falls nötig, zwischendurch die Seitenwände mit einem Gummischaber abwischen.
Den Backofen auf 160° vorheizen. Zwei Drittel der gedämpften Süßkartoffeln in den noch ungebackenen Boden geben, dann die Tofu-Zubereitung darüber verteilen und mit dem restlichen Drittel der Kartoffelscheiben bedecken. Schließlich wird der noch übriggebliebene Teig ausgerollt und über die Füllung gelegt, so daß er sie ganz bedeckt. Wir backen 25 - 30 Minuten. Vor dem Servieren mindestens 3 Stunden lang auf einem Drahtrost abkühlen lassen.

TOFU-ORANGEN-SPEISE

Für 4 Personen

1 Pfund normaler Tofu, 30 Minuten abgetropft, trockengetupft und in Würfel von 1 - 1 1/2 cm Länge geschnitten
2 frische, geschälte Apfelsinen, in kleine Stückchen zerschnitten
1/2 - 3/4 Tasse Honig
3/4 - 1 Tasse Orangensaft
1 1/2 Teelöffel frisch geriebene Orangenschale
1 1/2 Teelöffel Mandelaroma
In Stifte geschnittene Mandeln zum Garnieren

Tofu und Apfelsinenstückchen in einer mittelgroßen Schale anrichten und beiseite stellen.
In einem Kochtopf vermengen wir den Honig mit dem Orangensaft und kochen ohne Deckel bei mittlerer Flamme, bis nur noch 1 Tasse übrig ist. Orangenschale und Mandelaroma zufügen, über den Tofu gießen und sachte darunterheben. Bedeckt 3 - 4 Stunden kaltstellen. Vor dem Servieren mit Mandeln bestreuen.

SÜSSE "KÄSE"-BEIGNETS

Ein einfaches Rezept für Fettgebackenes, das großen Anklang findet. Mit etwas Aprikosensauce als leichtes Dessert zu einer festlichen Mahlzeit geeignet. Normalerweise werden die Beignets nach dem Fritieren und Abtropfen in Puderzucker gewältzt, aber auch ohne das sind sie deliziös.

Für 4 - 6 Personen

250 g normaler Tofu, gepreßt und zerkrümelt
1 Ei
3 Eßlöffel ungebleichtes weißes Mehl
2 Eßlöffel Honig
1 Eßlöffel Orangenlikör
1/2 Teelöffel frische, geriebene Orangenschale
Kaltgepreßtes Soja- oder Maisöl zum Fritieren

Aprikosensauce:
1 1/2 Tassen honiggesüßte Aprikosenmarmelade
1/2 Tasse Wasser
2 Eßlöffel Orangenlikör

Die sechs erstgenannten Zutaten in einer mittelgroßen Schale cremig schlagen. Für mindestens 4 Stunden in den Kühlschrank stellen.

Wir beginnen mit der Zubereitung der Aprikosensauce, wenn der Tofu lange genug kaltgestanden hat. Wasser und Marmelade in einer schweren Pfanne verrühren, zum Kochen bringen und dann bei zurückgeschalteter Platte 5 Minuten unter ständigem Umrühren sachte kochen lassen. Durch ein Sieb pressen, den Likör dazugießen und über kleiner Flamme langsam wieder erhitzen.

Wir erhitzen das Öl in einem Wok oder einem schweren Kessel unter Zuhilfenahme eines Fritierthermometers auf 180°C. Den Tofuteig formen wir mit einem Löffel zu walnußgroßen Bällchen und lassen sie in heißem Öl goldbraun fritieren. Herausnehmen und auf Haushaltspapier abtropfen lassen. Zusammen mit der Aprikosensauce sofort servieren.

TOFU-HONIG-AUFLAUF

Für 6 - 8 Personen

3 Eier
1/4 Tasse Honig
1/4 Teelöffel Meersalz
1 Tasse normaler Tofu, abgetropft
1 Tasse Milch
1 Teelöffel Vanille
1/2 Teelöffel Zimt
Muskat zum Garnieren

Den Backofen auf 170°C vorheizen. In einer mittelgroßen Schale Eier, Honig und Salz verquirlen. Tofu, Milch, Vanille und Zimt 2 - 3 Minuten bei mittlerer Geschwindigkeit im Mixer verquirlen. Zwischendurch eventuell die Seitenwände mit einem Gummischaber abkratzen.

Den Tofu in die Schale zu den Eiern geben, vermengen und alles in ein kleine Backform gießen. Mit Muskat verzieren und ohne Deckel für 1 Stunde in den Ofen schieben, bis der Auflauf fest ist und ein mittenhineingestecktes Messer sauber herauskommt. Nach Belieben warm oder kalt auf den Tisch bringen.

ABWANDLUNG: Wir belegen den Auflauf vor dem Backen mit Bananenscheiben und verfahren weiter wie oben angegeben.

ROSCHMALAY

Ein einfaches, und doch feines Dessert

Für 6 Personen

1 1/2 Pfund normaler Tofu, gepreßt
4 Tassen Schlagrahm
1 Tasse in Stifte geschnittene Mandeln
1 1/2 Tassen Rohrzucker
1/2 Teelöffel Rosenwasser (aus dem Feinkostladen oder einem türkischen Lebensmittelgeschäft)
1/2 Teelöffel Vanille
1/2 Teelöffel Muskatblüte
1/4 Teelöffel Kardamom
1 Tasse Wasser

Wir zerkrümeln den Tofu in einer mittelgroßen Schale und kneten ihn 5 Minuten lang, bis er sich teigartig anfühlt, dann stellen wir ihr zur Seite.
In einem mittelgroßen Kochtopf vermengen wir die Schlagsahne mit den Mandeln, 1/2 Tasse von dem Zucker, dem Rosenwasser, der Vanille, Muskatblüte und Kardamom. Über kleiner bis mittlerer Flamme zum Kochen bringen und ohne Deckel 15 Minuten lang kochen, dabei gelegentlich umrühren; von der Platte nehmen, völlig erkalten lassen und in den Kühlschrank stellen.
In einem kleinen Topf vermischen wir die restliche Tasse Zucker mit dem Wasser und lassen sie bei mittlerer Hitze 5 Minuten lang kochen. Den Tofu in kleine Bälle formen, in den heißen Zuckersirup tauchen und so auf eine Platte setzen, daß sie sich nicht berühren. 30 Minuten stehen lassen, dann vorsichtig in die gekühlte Creme geben und bis zum Verzehr wieder in den Eisschrank stellen.

DANKSAGUNG

Meinen besonderen Dank an;

Vater und Mutter, die mir ihre Liebe und ihre Erfahrung mitgeteilt und mich ernährt haben;
Delphine Perry für ihre bewundernswerte Kochkunst;
Charles Perry für all die Herzlichkeit, die er zu geben wußte;
Debby Balmuth, die die Verbindung nie hat abreißen lassen;
Rosielie für ihre zahlreichen, exquisiten Desserts und ihre unschätzbare Gegenwart während jener schlaflosen Nächte;
Dean für seinen Witz, seine Weisheit und seine Hilfe;
Aleia, die zeitlich alles so gut abgepaßt hat;
und besonders
Douglas für seine nie enden wollenden Ermutigungen, seine Ideen und seine Liebe;
und an Bucky, für das, wie sie ist.